LES PEINTRES
DE LAON ET DE SAINT-QUENTIN.

DE LA TOUR.

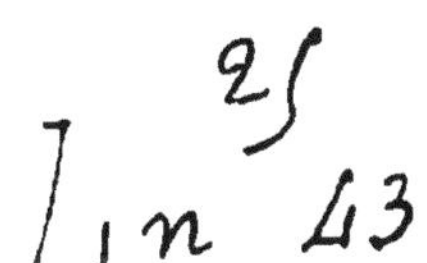

Laon. — Ed. Fleury, impr.

LES PEINTRES

DE LAON ET DE SAINT-QUENTIN.

DE LA TOUR.

PAR CHAMPFLEURY.

PARIS, 1855.

DIDRON, ÉDITEUR,
Rue St-Dominique-St-Germain, 23.

DUMOULIN, ÉDITEUR,
Quai des Augustins, 13.

A mon Frère.

La ville de Saint-Quentin va procéder prochainement à l'inauguration d'une statue en bronze du peintre La Tour. J'ai hâte de dire qu'un sentiment de reconnaissance entre pour moitié au moins dans le sentiment d'enthousiasme artistique que les Picards montrent à l'heure qu'il est pour le pastelliste. En mourant, La Tour fit des donations importantes à la commune; il s'occupait des femmes en couches, des orphelins, de l'éducation des enfants du pauvre, et il montrait ainsi les leçons d'humanité qu'il avait puisées dans la fréquentation des encyclopédistes. Supposez un *Greuze* riche mettant en actions ses tableaux moraux!

Sur ses vieux jours, le peintre devint un Monthyon vis-à-vis de ses compatriotes. Sans cette circonstance, il serait difficile d'expliquer par quels raisonnements le conseil municipal d'une ville purement industrielle serait amené à voter la statue en *bronze* d'un peintre en *pastel*. Le charme des crayons de La Tour ne suffit pas pour qu'un homme soit tout d'un coup coulé en bronze et exposé aux yeux de la foule sur une place publique. Où serait l'enseignement? sinon de frapper les jeunes esprits avides de gloire facile et les lancer dans le monde des arts déjà si rempli d'êtres inutiles. On comprend que quatre villes se disputent l'honneur d'avoir donné naissance à un *Guttenberg*, et que toutes les quatre, jalouses, dressent des monuments à la gloire de l'inventeur de l'imprimerie. Un monde de réflexions s'empare de l'étranger qui passe auprès de la statue : une pensée est sortie de la tête de l'inventeur mystérieux qui a réalisé peut-être naïvement, sans en deviner la portée, une des plus grandes machines de la civilisation. Mais quelle idée peut s'emparer de la foule devant l'image d'un peintre en pastels ?

Le culte des grands hommes ne saurait descendre ainsi de degré en degré ; où s'arrêterait-on dans la fonte des statues ? où trouverait-on assez de bronze ? La France si riche en artistes de talent, ne deviendrait-elle pas une forêt de statues ? Déjà une grande épitaphe de marbre noir à l'honneur de La Tour tient un pan de muraille de la cathédrale ; le musée porte son nom ; on montre la maison de La Tour ; il y a la rue de La Tour ; n'était-ce pas assez pour la gloire du pastelliste?

Le socle de la statue de bronze pourra répondre en quelques mots. Que sur un des côtés soient inscrits ses titres d'académicien et de peintre ; mais que sur le piédestal de face, à l'endroit le plus visible, soient gravés profondément : *Il fut le bienfaiteur de l'humanité souffrante.* Alors l'artiste servira d'ombre à l'homme généreux, et la pitié pour les malheureux marchera avant les qualités de crayons gracieux.

La Société académique de Saint-Quentin a proposé une médaille de trois cents francs à l'auteur du meilleur poëme en l'honneur du peintre.

Encore une série de mauvaises poésies qu'on s'efforce de faire éclore !

Les *Mercure* et gazettes de l'époque sont remplis de petits vers, de petits quatrains, de petits couplets bons tout au plus à chatouiller l'orgueil du pastelliste de son vivant. On en connaît du chanoine Mongenot, du sieur Pesselier, du sieur Laffichart, du chevalier de Saint-Jory. A peine oserait-on citer dans un travail étendu ces sortes de sottises rimées, et nous allons avoir un poëme couronné en l'honneur de La Tour. Passe encore pour un seul ; mais les concurrents ne laisseront pas dormir dans leurs pupitres les fruits rimés de leurs riches imaginations. Tous les *Lesguillon* de Paris, sans compter les *Lesguillon* de province, à l'heure qu'il est, ont la tête en feu, s'arrachent les quelques cheveux qui leur restent, se rongent les ongles, renversent leurs encriers, déclament à haute voix des alexandrins et usent leurs dictionnaires de rimes aux mots *peinture*, *pinceau*, *pastel*. Car la poésie de concours ne mène qu'à ceci : faire vendre des dictionnaires de rimes. Comment peut-il en être autrement?

On annonce un concours deux mois avant l'ouverture? les beaux esprits qui en vivent s'inquiètent de deux choses : 1° du sujet, 2° du prix. Le prix vient d'abord en *primo*, et le plus souvent le sujet n'arrive qu'en *secundo*. — « Une médaille de trois cents francs, lisent-ils. » Les poëtes réfléchissent qu'avec la facilité dont ils sont doués, cinq cents vers demandent dix jours à raison de cinquante vers par jour; les plus consciencieux se donnent une quinzaine. Ensuite ils jettent un coup-d'œil distrait sur le sujet. *Eloge de La Tour*. Qu'est-ce que La Tour? La biographie Michaud va leur répondre. C'est une lecture prompte et facile; le canevas est trouvé; pendant la lecture se dessinent ces quelques mots qui sont les jalons du poëme : *peinture, pinceau, pastels, crayons.* Ne demandez pas autre chose à M. *Bignan*, à M. *Lesguillon*, les maîtres, les rois et les triomphateurs en matière de concours. Sortis de la lecture de Michaud, ils *pensent* à leur œuvre, *Raphael* leur vient à *l'idée.* Ils connaissent la province et sont rusés ; ils compareront La Tour à Raphael. Les plus savants parleront peut-être de Titien. Ils n'ont jamais été au Louvre regarder les pastels de La Tour; peu importe, ils ont à leur service des cartons pleins de mots qui ne sortent jamais sans épithètes, de même qu'un homme est suivi de son ombre ; le *prestige enchanteur* est d'un effet excellent pour un peintre, va donc pour le prestige enchanteur! Ainsi se fait mot par mot, adjectif par adjectif, vers par vers, rime par rime, phrase par phrase, un poëme de concours.

Le poëte est couronné par le maire, fêté et choyé par les académiciens; il assiste à l'inauguration de la statue en tête du cortège, et à cette heure suprême où on enlève le voile, il rêve qu'un jour lui aussi sera coulé en bronze et acclamé par une foule enthousiaste.

Que la muse de la poésie inspire les lauréats pour le poëme de La Tour, je ne demande pas mieux; mais je crains que les lignes écrites aujourd'hui ce 27 septembre 1855, ne soient que trop justifiées à la distribution du prix à Saint-Quentin.

Une biographie étendue, des faits positifs, des recherches patientes sur le peintre, auraient plus servi à la mémoire du pastelliste que les poëmes les plus sublimes. Si cependant les poëtes désiraient étudier la vie de La Tour, voici quelques documents nouveaux très-importants qui arriveront *heureusement* trop tard pour aider à la confection de l'académique poëme.

CHAPITRE Ier

Les débuts de La Tour dans la vie.

Maurice-Quentin de La Tour naquit à Saint-Quentin le 5 septembre 1704, dans une maison, petite place Saint-Quentin, côté de l'impasse. Son père était un musicien attaché au chapitre royal de la collégiale. A dix-huit ans, La Tour sortit du collége, malgré les instances de sa famille qui voulait le pousser dans une carrière raisonnable, ainsi que ses deux frères dont l'aîné était dans les finances et le cadet dans l'armée. Mais il avait le démon de l'art qui lui mettait toute la journée le crayon à la main bien plutôt que la plume; après avoir pris quelques leçons de dessin à Saint-Quentin, il partit pour Rheims où il espérait trouver de meilleurs maîtres et des œuvres dignes d'être étudiées. Le sacre des rois de France attirait toujours à Rheims soit en curieux, soit en attachés, quelques peintres qui laissaient des traces de leur passage dans la ville, plus vraisemblablement des portraits que des tableaux d'histoire.

Ayant sans doute trouvé quelques sujets d'études à Rheims, c'est-à-dire ayant pu examiner dans les familles nobles la façon dont les maîtres traitaient le portrait à cette époque, La Tour partit pour Cambrai qui était alors le centre de g.andes négociations diplomatiques. Y fut-il appelé? Cela est présumable, les relations entre Saint Quentin et Cambrai étant faciles; il n'est pas impossible qu'un ami de sa famille l'ait engagé à venir se mêler à cette noblesse riche qui devait trouver à se faire peindre un passe-temps précieux, au milieu d'une petite ville de peu de distraction. Il fit des portraits de grands seigneurs, entr'autres celui d'une ambassadrice d'Espagne.

« Maurice était en apparence d'une complexion faible: cinq pieds deux pouces étaient sa taille. Bien pris dans toute sa personne, il avait la démarche prompte et décidée; il portait la tête haute. Son œil était vif, plein de feu, l'ovale de sa figure bien pris, les lèvres minces; très-recherché dans ses habits, il était d'une propreté exquise. »

Tel est le portrait qu'en a tracé son ami le chevalier Bucelly d'Estrées. Le biographe semble avoir eu en vue dans cette description La Tour homme fait; c'est un portrait âgé de trente ans; mais il est facile d'y retrouver le jeune peintre, l'œil vif, plein de feu, recherché dans ses habits. On sent déjà que l'extérieur de l'artiste est séduisant: son seul défaut est d'être d'une complexion faible *en apparence*;

mais ce n'est pas un défaut, au contraire. Les dames de la ville de Cambrai le pensaient ainsi, s'il fallait en croire le vieux chevalier d'Estrées qui, en écrivant en ses dernières années ces souvenirs d'une main tremblante, s'est plu à vouloir nous faire croire à une aventure galante malheureusement trop connue pour être vraie.

La Tour fait la cour à une petite marchande de Cambrai ; le cœur de la petite bourgeoise se laisse aller ; mais il y a un mari jaloux qui ferme soigneusement les portes de la maison. Un matin, le peintre reçoit avis qu'un panier accroché à une corde l'attendra le soir et qu'il sera exhaussé jusqu'à la fenêtre de la dame. On devine le reste. C'est une bourgeoise vertueuse ; de concert avec son mari, elle a machiné cette comédie, et La Tour reste morfondu toute la nuit dans son panier. Le lendemain, jour du marché, tous les Cambraisiens viennent se gausser du peintre suspendu ; le mari est content.

Il quitta Cambrai pour Londres : « A Londres, a dit le chanoine Duplaquet qui a prononcé un éloge historique de La Tour en 1789, il fait marcher de front avec la pratique de son art l'étude des lettres, celle de la nature, de l'homme moral, de l'homme civil, de l'homme politique. »

On pressent en ces quelques lignes un peintre-*philosophe* ; La Tour avait dû connaître quelqu'encyclopédiste en province ; ce ne fut pas à Saint-Quentin, à Rheims, ni à Cambrai qu'il rencontra un philosophe ; peut-être cependant s'en était-il glissé quelqu'un ou quelqu'apôtre auprès des diplomates de Cambrai ; peut-être aussi avait-il entendu philosopher les grands seigneurs eux-mêmes, suivant la manie du temps. En tout cas, que ce fût à Londres encore plein du souvenir de Voltaire, toujours est-il que La Tour annonce un enthousiaste futur d'Helvétius, de Raynal, de d'Holbach, de Morelly, et il se couchera bientôt avec un *Code de la Nature* tout grand ouvert.

Le grand mouvement des encyclopédistes n'avait pas éclaté ; mais de telles idées circulent partout bien avant qu'elles ne soient fixées dans le livre, elles sont à l'état latent chez quelques esprits ; d'ailleurs nous laissons au chanoine Duplaquet cette phrase de sa biographie qui montre le peintre déjà philosophe à Londres, dans sa jeunesse.

L'Angleterre devait peu convenir à une nature toute française, spirituelle et moqueuse : La Tour vint s'installer à Paris, apportant sa malice picarde et taquine qui le poussa à débuter en se posant comme peintre anglais. Il n'avait, dit-on, que vingt-trois ans à son arrivée à Paris ; il ne faut pas croire que la célébrité le prit au collet à son entrée. Les lacunes de la part des biographes sont impardonnables : ils vous montrent en dix lignes l'homme qui naît, qui sort du collége, qui va à l'étranger, qui revient en France et tout de suite accablé d'honneurs. On voit rarement un biographe s'inquiéter des dix ou quinze années d'obscurité, les plus belles de la vie d'artiste. Ce sont là les combats, les doutes, les recherches, les grands travaux, les discussions, la misère souvent qui fait de l'art cette belle princesse des contes de fées dont on ne peut obtenir la main qu'après avoir vaincu les plus grands obstacles.

La Tour ne parut pour la première fois en public qu'au Salon de 1737. Il était né en 1704; il avait donc trente-trois ans; si on s'en rapporte à des biographes qui l'amènent à Paris à l'âge de vingt-trois ans, il fut donc dix ans à lutter avant d'exposer. L'art du peintre ne trouvait pas les facilités offertes aujourd'hui à tout jeune homme qui envoie sa toile à l'exposition, laissant au public et à la critique le droit de juger son œuvre. La peinture d'alors était une maîtrise: l'exerçait qui pouvait, mais ne la montrait pas qui voulait.

C'est à cette époque que des associations d'artistes qui voulaient exposer leurs œuvres en public furent dissoutes par un décret de l'Académie, qui ne permettait guères la publicité à tous ceux qui ne faisaient pas partie de son corps. Une petite exposition particulière fut tolérée : mais c'était comme une dérision. La compagnie de la *Jeunesse* (ainsi se nommaient sans doute les jeunes gens qui étudiaient sous certains académiciens), obtint d'exposer le jour de la Fête-Dieu, de six heures du matin à midi, ses tableaux et ses dessins sur la place Dauphine, en les accrochant aux tentures des tapisseries qui ornaient les maisons pour le passage de la procession.

Telle était la liberté de l'art : exposition en plein air *de six heures du matin à midi*, une fois l'an, pendant le passage d'une foule énorme qui avait bien autre chose à faire que de regarder la peinture et surtout d'en acheter.

Sans doute, La Tour ne passa point par ces épreuves : ayant l'amour de l'instruction et bonne mine, bien tourné, connaissant assez son art pour en avoir vécu en province et à l'étranger, il devait trouver plus facilement des relations qui le mettaient à même de mener une vie aisée. Les grands personnages qu'il avait peints à Cambrai et à Londres lui remirent probablement des lettres de recommandation pour quelques grandes maisons parisiennes; mais comme il fut dix ans avant d'exposer au Salon, je trouve dans ce simple fait l'assurance qu'il eut à lutter contre ses confrères, contre la réputation qui met tant de temps à se rendre, contre la bourgeoisie, et contre son propre caractère.

La Tour eut surtout à lutter contre lui-même : son portrait le prouve assez, quand même les biographes n'en auraient pas parlé. Il y a dans l'art deux sortes de gens : les prudents et les imprudents. Les prudents sont ceux qui pensent que la parole a été donnée à l'homme pour déguiser sa pensée ; ils tournent au moins quatorze fois la langue avant de donner leur opinion, et leur avis sort de là flasque et broyé, sans caractère, sans relief et sans angle. Leur langage est ambigu, peut se prendre en bonne ou mauvaise part en même temps ; leur avis est celui de tout le monde. Ils ne se compromettent jamais. Au contraire, les imprudents vous disent tout ce qui leur passe par la tête ; ils ne craignent pas de rompre en visière à chacun ; une fois à cheval sur une idée, ils s'y tiennent, et pour en tomber, il faut qu'on tue l'idée avec eux. Ils ne reculent devant aucune plaisanterie, dût-elle leur faire le plus grand tort; les ennuyeux les mettent à la torture et ils commettraient des crimes dans ces moments. Natures impressionnables, comprises seulement d'un petit groupe d'intelligences.

La Tour appartenait à la seconde classe, célle des imprudents : il mettait lui-même des bâtons dans les roues de son carrosse, et il ressemblait à un voyageur à pied qui, voyant un beau chemin droit, commanderait qu'on le garnît de grosses pierres pour sa plus grande satisfaction. La Tour dut blesser bien des gens à son début; lui qui plus tard donnait des conseils au roi, il dut se faire bien des ennemis dans la bourgeoisie et dans la petite noblesse.

Le métier de peintre de portraits est surtout le plus dur des métiers dans les arts : c'est un chemin pavé d'écus pour les êtres sans conscience qui sacrifient leur volonté à celle du modèle, qui se mettent aux genoux de leur caprice, qui ont à leur service un dictionnaire pommadé de compliments et de flatteries. Un homme spirituel du dix-huitième siècle, Carmontelle, peintre et littérateur, a écrit un proverbe qui montre que la sottise ne change pas de forme et que les comtesses de 1730, quand elles faisaient faire leurs portraits, étaient aussi ridicules que les bourgeois de 1850. Dans le proverbe qui a pour titre *Après la pluie le beau temps*, le peintre, M. Bernard, attend dans son atelier une comtesse qui lui a déjà manqué de parole cinq ou six fois depuis que son portrait est commencé. Arrive un petit abbé admirateur de la comtesse. Il regarde le portrait.

L'ABBÉ.

« A merveille, c'est cela. La comtesse trouve pourtant la bouche un peu grande, et il me semble que vous pourriez...

LE PEINTRE.

» Mais, Monsieur, on veut qu'elle rie.

L'ABBÉ.

» Oui, j'entends bien, cependant...

LE PEINTRE.

» Si je diminue la bouche, elle sera sérieuse, et le portrait ne ressemblera pas.

L'ABBÉ.

» Vous avez raison. Je lui ai dit tout cela; c'est le diable avec les femmes, n'est-ce pas, Monsieur?

LE PEINTRE.

» Ah! Monsieur, à qui le dites-vous?

L'ABBÉ.

» Ne pourriez-vous pas un peu agrandir les yeux?

LE PEINTRE.

» Mais, Monsieur l'abbé, en conscience, les a-t-elle aussi grands qu'ils sont là?

L'ABBÉ.

» Je sais bien que non; mais pour la contenter, si vous pouviez.

LE PEINTRE.

» Ne voyez-vous pas, Monsieur l'abbé, qu'il n'y aurait plus de proportions dans cette tête? Puisque le portrait ressemble et qu'il est agréable, que veut-on de plus?

L'ABBÉ.

» Moi, je pense comme vous, je lui ai dit... »

La comtesse entre : elle est très-fatiguée, elle a passé sa journée à parcourir les magasins.

LA COMTESSE.

« Monsieur, où faut-il que je me mette?

LE PEINTRE.

» Ici, Madame.

LA COMTESSE.

» Comme cela.

LE PEINTRE.

» Un peu plus de ce côté, à gauche.

LA COMTESSE.

» Du côté de la porte.

LE PEINTRE.

» Non, Madame, au contraire.

LA COMTESSE.

» Ah! oui, vous avez raison; c'est à droite, je ne sais ce

que je dis. Vous devez me trouver les yeux bien petits aujourd'hui, Monsieur, je n'ai pas dormi de la nuit. Où est donc le chevalier? Ah ! le voilà.

LE PEINTRE.

» Madame, si vous vouliez seulement me donner un quart-d'heure sans remuer, ce serait bientôt fini.

LA COMTESSE.

» Oh! tant que vous voudrez; mais il faut que j'aille à l'Opéra aujourd'hui ; me tiens-je bien?

LE PEINTRE.

» A merveille.

LA COMTESSE.

» Je me tiendrai comme cela tout le jour.

LE PEINTRE.

» Allons, cela ira bien.

LA COMTESSE (*se levant*).

» Ah! l'abbé! je crois que j'ai quelque chose sous moi; voyez un peu.

LE PEINTRE.

» Mais, Madame...

LA COMTESSE.

» Non, non, il n'y a rien. Monsieur, ne me grondez pas; Chevalier?

LE CHEVALIER.

» Madame?

LA COMTESSE.

» Mais approchez-vous donc, je ne peux pas vous parler d'une lieue ; écoutez que je vous dise. »

Elle parle à l'oreille du chevalier ; le peintre ne peut plus travailler ; l'abbé cherche à faire poser la comtesse ; mais la comtesse remue constamment. Elle prie le chevalier de lui donner un peu de tabac parfumé et l'abbé est engagé à raconter des historiettes de la ville.

LE PEINTRE.

« Madame, un peu de mon côté, s'il vous plait ; l'épaule effacée un moment. Bon.

LA COMTESSE.

» Mais, Monsieur, je ne pourrai jamais me tenir comme cela. »

Enfin le portrait est terminé avec beaucoup de peine, lorsqu'arrive la présidente qui vient chercher la comtesse. La présidente s'extasie sur quelques portraits d'hommes qu'elle reconnaît. « Je vous assure, dit la présidente au peintre, que je ne me ferai jamais peindre que par vous. »

LA COMTESSE (*montrant son portrait*).

« Madame, comment trouvez-vous celui-ci ?

LA PRÉSIDENTE.

» Ah! qu'est-ce que cela? Attendez, je cherche, ne dites rien... je connais quelqu'un qui ressemble à cela. Et tenez, l'intendante de...

LA COMTESSE.

» Madame d'André. Fi donc!

LA PRÉSIDENTE.

» Elle est mieux que cela.

LA COMTESSE.

» Je vous dis que cela n'est pas elle; regardez bien.

LA PRÉSIDENTE.

» En ce cas-là je ne sais pas qui c'est. Voyons le vôtre.

LA COMTESSE.

» Mais c'est le mien.

LA PRÉSIDENTE.

» Vous cela?

LA COMTESSE.

» Assurément.

LA PRÉSIDENTE.

» Allons, jamais cela ne vous a ressemblé.

LA COMTESSE.

» Moi, je le trouve fort bien et tout le monde le trouve à merveille.

LA PRÉSIDENTE.

» Moi, point du tout. (*Au peintre*). Monsieur, qu'en dites-vous? N'est-il pas vrai qu'il n'est pas ressemblant?

LE PEINTRE.

» Je ne peux pas dire cela, moi, Madame.

LA PRÉSIDENTE.

» Mais vous conviendrez bien que ce n'est pas là son nez, il est moins long que cela; ni la bouche, ni les yeux; il a bien quelque chose du front, encore ses cheveux sont mieux plantés. En un mot, elle est plus blanche, et puis comme c'est peint! le rouge est inégal... Et vous êtes contente, vous, Madame? Tenez, regardez, avez-vous comme cela le dessous du nez barbouillé?

LE PEINTRE.

» Ah! Madame, c'est l'ombre.

LA PRÉSIDENTE.

» Oui; on dit toujours l'ombre, l'ombre. Moi je ne vois pas d'ombre.

LA COMTESSE..

» Monsieur, ne pourriez-vous pas ôter cela?

LE PEINTRE.

» Non, Madame.

LA PRÉSIDENTE.

» C'est inutile, il ne sera jamais bien.

LA COMTESSE.

» Comme on voit pourtant! Il m'avait paru assez bien ; à présent que je le regarde... tenez, je ne l'avais pas vu comme cela de côté; il est horrible.

LE PEINTRE.

» Eh! Madame, vous ne le voyez pas dans son jour.

LA COMTESSE.

» Monsieur, je le vois très-bien; mais je suis à présent, comme la présidente, et je regrette bien le temps que j'ai perdu à me tenir.

LE PEINTRE.

» C'est-à-dire, Madame, qu'il n'est pas ressemblant?

LA COMTESSE.

» Oui, Monsieur.

L'ABBÉ.

» Mais, Madame, si vous vouliez, Monsieur y retoucherait.

LA PRÉSIDENTE.

» Je vous dis encore une fois que c'est inutile, l'abbé, vous ne vous connaissez à rien. »

Par ce fragment qui n'a rien d'exagéré dans les détails, on apprend à connaître les mille misères du peintre de portraits. Grands seigneurs et bourgeois, marquis et grisettes, hommes de robe et hommes d'épée ne sont qu'un seul et même type dans l'atelier d'un peintre.

La Tour qui, plus tard, ne voulut pas achever le portrait de mesdames de France parce qu'elles le faisaient attendre et qu'il n'était pas homme à subir les caprices des princesses, devait bien malmener ses modèles.

« C'était un spectacle amusant, dit le chanoine Duplaquet, de voir des hommes altiers et suppliants dans le cabinet de La Tour, payer la peine des retards et des dédains qu'éprouve l'humble humanité dans les antichambres de leurs palais. »

A part le second membre de phrase de l'abbé Duplaquet (chanoine de l'église d'Auch, prieur commendataire de Valentine, chapelain conventuel de l'Ordre de Malte, censeur royal — et philosophe), on voit que La Tour aimait à faire faire aux grands seigneurs l'antichambre qu'il avait faite plus d'une fois dans sa jeunesse.

Un de ses contemporains, un collectionneur, Mariette qui a laissé sur lui une page inédite sur les marges de l'*Abecedario pittorico* (1), a dit : « Son humeur est singulière et sa façon d'agir avec une infinité de gens qu'il disait être de ses amis et dont à ce titre il a voulu faire le portrait, ne lui fait pas d'honneur. Il a méprisé de très-honnêtes présents qu'ils lui offraient et les a traités en vrai corsaire. » Mais je ne prends du bonhomme Mariette que ce qu'il m'en faut, trouvant plus de mal que de bien dans sa courte note, et attribuant peut-être à une intelligence un peu vulgaire cette espèce d'animosité contre le pastelliste.

M. Bucelly d'Estrées, l'ami du peintre, a écrit qu'il ne voulait pas peindre les imbécilles. « La naissance, la fortune ne faisaient pas exception à cette loi. » Et cela se comprend, tout le monde approuvera le peintre. Il y a toujours entre le peintre et son modèle de secrètes affinités : le peintre de portraits, j'entends les grands artistes qui ont fait des portraits, doit voir clair dans le moral de son modèle ; s'il ne voit pas ou s'il ne devine pas le moral, il ne peut rien comprendre au physique. Il pourra faire au besoin un portrait ressemblant, mais bête. Le peintre qui s'aperçoit qu'il a devant lui une chose au lieu d'un homme, des yeux sans feu, un front sans intelligence, une bouche qui ne demande qu'à manger, des oreilles plates, un nez d'oiseau, comment voulez-vous qu'il ne se trouve pas magnétisé rien qu'en

(1) Manuscrit qui ne le sera plus demain, grâce à la publication qu'en fait actuellement à la librairie Dumoulin, M. Ph. de Chennevières, infatigable collectionneur de matériaux sur les Beaux-Arts.

regardant un tel animal qui parle à tort et à travers, et qui répand en entrant dans l'atelier un brouillard d'ennui jaune. Quel portrait peut-il tirer d'une semblable machine!

Faire le portrait d'un homme, c'est léguer ses traits à la postérité pendant cinq ou six cents ans. C'est donc faire un riche cadeau à un homme, c'est l'honorer, c'est l'élever. A quoi bon si je crois à mon génie de peintre, fixer sur la toile, buriner sur une médaille, tailler dans le marbre la physionomie d'un être qui n'en a pas? Me payât-il dix mille, cent mille livres, mon œuvre ne sera jamais assez payée pour le service que je rends à ce richard.—J'ai mon voisin le bourgmestre qui ne m'a jamais mis à l'amende quand je restais trop tard à la taverne; ses joues pendent et dans son menton on taillerait la figure d'un honnête homme; le sang lui coule également partout, sans nuances; son nez seul bleuit; mais il a la joie, il a la santé, la vie déborde. Je peux faire son portrait, a dit Jordaens. Rembrandt a pu dorer de sa fine poussière d'or les vices d'un avare de son temps; Holbein s'est plu à nous montrer le profil sévère, protestant et anguleux des modestes savants de son temps. C'était des êtres qui pensaient, qui rêvaient, c'étaient des êtres qu'une amitié reliait au peintre.

Mais se mettre en communication avec un imbécile; tenir l'œil attaché sur l'œil morne d'un niais, jamais La Tour ne le voulut. De son temps surtout, les fermiers-généraux remplissaient la ville: ils faisaient autant de tapage qu'un sac d'écus qu'on jette par une fenêtre. Ils avaient les plus jolies filles de théâtre, ils voulaient avoir les meilleurs peintres. Les comédies, les mémoires et la tradition nous ont conservé ce type bouffi, suffisant, bruyant comme Polichinelle sans en avoir la gaîté. Un M. de la Reignier, fermier-général, demanda à être peint par de La Tour qui refusa longtemps et finit par consentir. Le portrait tirait à sa fin ; cependant le peintre n'était pas content; il sentait bien qu'il était entré dans une fâcheuse voie en acceptant ce portrait, il le trouvait mauvais. La sottise du fermier-général avait déteint sur ses pastels; pour un rien il eût déchiré le portrait. De son côté le traitant trouvait la pose fatigante; il regardait maintenant comme un supplice ce qui lui avait tant souri dès l'abord; à chaque séance, il demandait si c'était la dernière. La Tour fixa enfin la dernière séance; pour un motif ou un autre le fermier-général ne vint pas à l'atelier ; il envoie son domestique prévenir qu'il n'a pas le temps aujourd'hui. — Ton maître est un sot que je n'aurais jamais dû peindre, dit La Tour furieux de ce qu'on le faisait attendre. « Le domestique était assez de l'avis du peintre. — Assieds-toi, ta figure me plaît, je vais te peindre. — Mais, Monsieur, si je tarde à rendre réponse à M. de la Reignier, on me mettra à la porte.— Bah ! je te placerai. » Le portrait fut fait ainsi ; le fermier-général n'eut jamais le sien, le domestique fut chassé, et La Tour se vengea en plaçant le domestique et en racontant l'anecdote qui nous a été conservée par le chevalier d'Estrées. Elle doit être vraie, car elle rend bien le tempérament fantasque et irritable du peintre.

Le même biographe nous apprend qu'il eut quelque peine à se faire admettre par les maîtres de son temps. « Rigault, dit-il, ne comprit de La Tour et ne devint son ami que dix ans plus tard, quand il fut bien en cour, que la faveur du roi le nomma son peintre et qu'il devint membre de l'Académie de peinture ; mais dès son arrivée à Paris, il devint l'ami de Largillère, le grand peintre de portraits qui devina son talent, sans qu'il eût besoin d'être académicien. »

J'imagine que pendant ses heureux dix ans d'obscurité, il se lia avec immensément de gens d'esprit, d'hommes de lettres, de journalistes, d'abbés, de filles d'opéra, tous gens de mœurs spirituelles et faciles. Il connut Crébillon, J.-J. Rousseau, Duclos, Helvétius, l'abbé Hubert, le musicien Mondonville, Restout, le maréchal de Saxe, Mlle Fel l'actrice ; il connut Diderot et c'est son plus grand bonheur, car il a inspiré à Diderot quelques pages admirables qui vivront plus que ses pastels.

CHAPITRE II.

—

Il entre à l'Académie.

Après dix années d'obscurité, du moins sur sa vie, La Tour entra à l'Académie, en qualité d'agréé, qui était le premier grade académique. Pour obtenir ce grade il fallait soumettre un sujet de son choix au jugement du corps administratif. « L'œuvre était exposée (1) dans une salle, isolée, car on ne jugeait que très-rarement deux artistes dans la même séance. Chaque officier examinait le tableau en silence, et se rendait ensuite dans la salle d'assemblée, où il déposait son vote, qui restait secret. Généralement le nombre des votants était de trente à trente-six, et le candidat devait réunir les deux tiers des voix plus une pour être reçu. Une

(1) *De l'exposition et du jury*, brochure anonyme, 1848. Cette brochure est attribuée en partie à M. Jeanron, directeur des Musées sous le gouvernement provisoire.

fois admis, l'agréé avait droit toute sa vie à l'exposition publique sans passer par un autre examen; seulement, dans les trois années suivant son admission, il était tenu de présenter un nouvel ouvrage pour se faire recevoir académicien. Son morceau de réception appartenait à la compagnie, et allait enrichir les archives des Beaux-Arts, qui devenaient ainsi un véritable Musée national. »

Son morceau de réception à l'Académie fut le portrait du peintre Restout qui était fort remarquable, mais qu'il retoucha par la suite, d'où la colère de son biographe Mariette. « Je ne saurais lui pardonner la hardiesse avec laquelle il vient de gâter le beau portrait de Restout qu'il s'est fait remettre à l'Académie, je ne sais sous quel prétexte; apparemment qu'il s'est cru en état de mieux faire, et sans s'apercevoir de combien il était déchu, il l'a retravaillé et l'a entièrement perdu. Quel dommage ! »

Wattelet qui était chargé de l'article *Peinture* dans l'Encyclopédie, a mieux expliqué que Mariette cette *hardiesse* et ne s'est pas aussi fort échauffé la bile. « La Tour a gâté dans sa vieillesse, dit-il, plusieurs de ses meilleurs tableaux et entre autres le très-beau portrait de Restout qu'il avait donné à l'Académie pour sa réception. Il faut avouer cependant que dans ces malheureuses opérations il partait d'un grand principe, celui de sacrifier aux têtes tout l'éclat des accessoires. Ce fut par ce principe qu'il changea le brillant vêtement de soie dont il avait drapé le portrait de Restout, en un simple habit de couleur brune. »

De La Tour apportait dans l'art les inquiétudes de son esprit; il n'était jamais content; si on l'avait laissé faire, il eût corrigé un an ses pastels les mieux réussis; comme beaucoup d'artistes qui n'ont pas conscience de la terminaison d'une œuvre, peut-être eût-il fallu emporter son portrait de force.

Wattelet a dit que La Tour ne travaillait pas facilement, « parce qu'il se piquait d'une grande précision et ne se contentait pas de ce qu'on appelle des à peu près; mais il terminait ses ouvrages par des touches savantes et un travail ragoûtant qui leur donnait l'apparence de la plus grande facilité. »

Après tout, ce portrait dont Wattelet a bien expliqué la tendance, ne fut-il pas aussi *perdu* que le dit Mariette le catalogueur. La Tour croyait parachever son œuvre à laquelle il tenait d'autant plus qu'il estimait Restout par-dessus tous ses amis. « Dans son salon, dit M. Bucelly d'Estrées, on voyait Helvétius et Nollet qu'il nommait ses bons amis, Crébillon, J.-J. Rousseau, Duclos, Dupuis, Voltaire, Diderot, d'Alembert, de la Condamine, Buffon, le vainqueur de Fontenoy, de Paulmy, d'Argenson, l'abbé Hubert dont il aimait tant la conversation, Orry, ministre des finances, Piron, Mondonville, célèbre violoniste et tant d'autres. Dans son atelier on voyait *Rethou* (le biographe veut dire Restout) qu'il a peint, artiste qu'il se plaisait à appeler son maître; le sculpteur Le Moine auquel nous devons le buste de La Tour; Vien, qui fut le maître de David, Carle

Vanloo, Pigale, Vernet, Parocel, Largillère et Rigaud. »

Ainsi La Tour ne se fût pas amusé à faire un essai sur le portrait de son meilleur ami, son maître, s'il n'eût été certain de le rendre meilleur. Diderot qui allait flâner de temps en temps chez les peintres d'esprit et qui avait la rage de discuter sur les arts, a justement parlé de ce fameux portrait; en quelques lignes il a développé tout le système du peintre de pastels.

« J'ai trouvé La Tour payant un tribut à la mémoire de Restout dont il peignait le portrait d'après un autre de lui dont il n'était pas satisfait. « Oh ! le beau jeu que je joue, me dit-il, je ne saurai que gagner. Si je réussis, j'aurai l'éloge d'un artiste ; si je ne réussis pas, il me restera celui d'un bon ami. » Il m'avoua qu'il devait infiniment aux conseils de Restout, le seul homme du même talent qui lui ait paru vraiment communicatif; que c'était le peintre qui lui avait appris à faire tourner une tête et à faire circuler l'air entre la figure et le fond, en reflétant le côté éclairé sur le fond et le fond sur le côté ombré ; que soit la faute de Restout, soit la sienne, il avait eu toutes les peines du monde à saisir ce principe malgré sa simplicité : que lorsque le reflet est trop fort ou trop faible, en général, vous ne rendez pas la nature, que vous êtes faible ou dur, et que vous n'êtes plus ni vrai ni harmonieux (1). »

(1) Ce fragment n'a été imprimé, ni dans les œuvres complètes de Diderot, ni dans les œuvres posthumes, ni dans aucune édition.

D'après Diderot, La Tour n'aurait donc pas gâté son premier portrait de Restout, puisqu'il en faisait une copie, quelque chose comme une nouvelle édition revue et corrigée. Ces sortes de retour sur soi-même sont du reste fréquents chez certaines natures qui non contentes de suivre le vers trop cité de Boileau, veulent encore retoucher leurs œuvres à différentes époques de leur vie. Quand Diderot visita La Tour, il était déjà âgé, et le peintre voulait revoir avec ses yeux de cinquante-cinq ans ce qu'il avait vu vingt ans auparavant. Déjà ses connaissances encyclopédiques, son acharnement à la lecture en avaient fait ce vieillard bizarre que nous retrouverons plus tard parlant aux arbres, pour le plus grand étonnement des Saint-Quentinois.

Il est rare qu'une œuvre gagne à être revue longtemps après. Si elle est mauvaise dans le principe, rien ne la rendra meilleure, ni les procédés acquis, ni l'expérience, ni la sûreté de touche. Si elle était bonne, mais avec quelques défauts dus à la jeunesse, pourquoi ne pas laisser ces inexpériences, dates précieuses de la première manière d'un maître? Quelques tableaux de la jeunesse de Rembrandt ont leurs oppositions d'ombre et de lumière comme chez les maîtres espagnols. Ne sont-ils pas aussi précieux que ses dernières œuvres noyées dans un clair-obscur d'or? Un biographe raconte qu'il a en sa possession deux épreuves d'un roman de M. de Balzac : dans la dernière, qui était définitive, M. de Balzac avait enlevé un morceau remarquable et l'avait remplacé par quelques lignes bien inférieures. Les génies inégaux commettent souvent de ces fautes. Si l'artiste court toute sa vie après un idéal qu'il ne peut atteindre, c'est dans les œuvres nouvelles et non dans les anciennes qu'il doit verser le fruit de ses découvertes.

CHAPITRE III.

De la critique au 18e siècle.

C'est en 1737 que La Tour exposa pour la première fois. De 1737 à 1773, pendant trente-six ans, il envoya au Louvre près de cent cinquante pastels (1). Je m'étonnais du silence des biographes pendant les dix premières années de séjour à Paris du peintre ; mais je m'étonne bien plus encore du silence des critiques à l'égard de La Tour pendant neuf ans d'envois successifs. La critique ne s'occupe du peintre qu'en 1746 ; neuf ans de silence absolu sur des portraits remarquables de personnages marquants, tels que ceux du peintre Restout, de M. de Bachaumont, de Mme Boucher, la femme du peintre galant, de Melle Salé la comédienne, du peintre

(1) On trouvera à la fin de cette étude un tableau exact par date des envois de La Tour aux salons.

Dumont le Romain, du duc de Villars, du Roi, du Dauphin, du peintre Parrocel, etc. ; mais à défaut de critique, les livrets de l'exposition d'alors peuvent offrir de curieux renseignements sur ces peintures disparues. Comme il y avait peu de matières dans les catalogues, le rédacteur s'étendait sur les tableaux et surtout sur les portraits. C'est une véritable description. On y voit de La Tour ayant envoyé le portrait de madame de... « habillée avec un mantelet polonais, réfléchissant, un livre à la main. » M. le président Rieu est décrit des pieds à la tête « en robe rouge, assis dans un fauteuil, tenant un livre dont il va tourner le feuillet, avec les attributs qui composent un cabinet, comme bibliothèque, par-à-vent, table et un tapis de Turquie sous les pieds. » Le livret dit de la comédienne Melle Salé : « habillée comme elle est chez elle. »

Il est vrai que le *Mercure de France* est la seule revue d'alors qui touche un peu aux questions de peinture; la mode n'en était pas encore venue de discuter sur le coloris, l'expression, la composition, mots qui ont servi à remplir bien des volumes, avant qu'on en fût arrivé à la question du *beau*, envoyée par Diderot à l'Allemagne qui nous la renvoya sous la forme grecque, avec la signature pédante de Winckelmann. Mais il ne faut pas se plaindre de l'absence des critiques ; à partir de 1747 tous les abbés vont se mêler d'écrire dans les recueils périodiques, dans les gazettes ; ils publieront des quantités innombrables de brochures qui n'offrent même pas la valeur d'un renseignement. Ils n'analysent pas le tableau, ils ont un certain dictionnaire admiratif, quelques mots creux pour parler peinture; rien n'est plus navrant que de fouiller dans ces livres pour n'y rien trouver.

C'est ce qui fait la force de Diderot. Quand on voit un tel homme environné de pareils écrivains, qui emploie une langue claire, spontanée et enthousiaste pendant que les autres parlent on ne sait quel patois, on comprend l'intelligence du grand personnage allemand à qui était envoyée la correspondance de Grimm, dans laquelle parurent ces salons.

Rien n'est plus facile que d'écrire sur les arts; ce qui le prouve, c'est la quantité de gens aujourd'hui qui emplissent les journaux de leurs non-opinions. En moins d'un an, je me chargerai de dresser n'importe qui à rendre compte du salon; cette besogne demande la lecture d'une centaine de volumes, quelques visites au Louvre et surtout beaucoup de mémoire afin de classer dans sa tête les écoles et de retenir tous les noms des peintres anciens et modernes. Alors on lâche l'élève dans un journal, le voilà devenu critique d'art. Ne lui demandez ni les raisons de climat, ni les questions de tempérament du maître, ni la connaissance morale de la peinture; il ne s'en inquiète guères, il écrit toujours. Il ne s'est jamais douté que le travail du feuilleton est un travail impie, s'il est écrit pour le feuilleton directement. Il n'a jamais pensé que tout homme qui écrit une page sans avoir la pensée que cette page mérite d'être mise en volume, est un être inférieur à un cordonnier.

De ces gens-là se promènent par toutes les rues de Paris; vous les rencontrez à chaque instant, ils vous serrent la main; j'en vois tous les jours et il n'est pas impossible que l'un d'eux regarde ce que j'écris à ce moment. Les critiques de 1750 ressemblaient en cela aux critiques de 1850; seulement ils étaient moins nombreux. Voici un exemple de ces critiques, tirées du *Mercure de France*, de l'année 1745 :

« M. de La Tour devient si fort au-dessus de tous les éloges qu'on lui donne, que nous craindrions de les affaiblir et de ne pas donner une juste idée du mérite de ses ouvrages, si nous entreprenions de le louer ici. »

Dans les *Réflexions sur quelques causes de l'état présent de la peinture en France*, à propos du salon de 1740, on trouve cependant un morceau assez raisonnable : c'est l'extrait d'une lettre de M. de Bonneval au sieur de La Tour, imprimée dans le Mercure d'octobre.

« Les sieurs Nattier, Tocqué, La Tour, Aved, Nonnotre et bien d'autres, nous consoleront peut-être des Rigaud, des Largillère, des de Troy...

» Le nombre des peintres en pastel est infini; mais il est bien à craindre que la célérité et la facilité de ces fragiles crayons ne fassent négliger l'huile beaucoup plus lente à la vérité, mais infiniment plus savante et incomparable pour la durée. »

Il dit que La Tour n'ira pas plus loin à cause de sa grande réputation. « Il est vrai qu'il a fait une foule de mauvais imitateurs. On a trouvé cependant l'expression du portrait de Restout un peu trop forte pour une action tranquille : elle paraît même chargée. L'on a encore désiré plus d'union dans les chairs du visage dont les touches sont un peu riches et découpées. Le portrait de M. Paris de Montmartel est parfait. »

Au même salon, il y avait de beaux pastels de Nattier, de Drouais, Loir et Péronneau, celui qui allait se poser en rival de La Tour lui-même et qui nous a laissé son portrait, au musée de Saint-Quentin. La crainte qu'avait du pastel M. de Bonneval n'était pas exagérée. Ce procédé facile devait être employé par toutes les médiocrités. Un des biographes de La Tour prétend qu'il commença par peindre à l'huile, mais que l'état de sa santé ne lui permit pas de continuer cette étude.

« Le public n'ignore pas les efforts que M. de La Tour a faits pour parvenir avec plus d'honneur dans une Académie aussi respectable, ayant *modelé* le portrait de M. Carle Vanloo et une figure représentant le *Satyre Marsias*, mais la faiblesse de son tempérament ne lui ayant pas permis d'exercer un talent dont il ne fait aucun usage aujourd'hui, il s'est entièrement fixé à l'amour qu'il avait pour le pastel. »

L'abbé Le Blanc qui était le grand critique du *Mercure de France*, et de plus l'ami de La Tour qui avait fait son portrait, répondait à M. de Sepmonville :

« Ce qui a fait croire à beaucoup de gens que l'auteur des *Réflexions* n'était pas un véritable connaisseur en peinture, c'est qu'il a blâmé dans ces pastels de M. de La Tour ce que tous les habiles gens y admirent de plus. Il en ignore apparemment le prix et ne sent pas l'effet de cette touche.

» Quant aux discours que la jalousie fait tenir à plusieurs artistes qui prétendent que le pastel est beaucoup plus facile que l'huile, il s'en faut beaucoup que la chose soit vraie du pastel tel que M. de La Tour le traite. C'est ce que j'ai entendu dire à beaucoup d'habiles gens qui l'ont vu travailler. Les essais de quelques-uns de ceux qui ont voulu l'imiter leur ont assez mal réussi pour avoir dû en faire changer d'opinion. »

Et l'abbé Le Blanc citait l'abbé des Fontaines, qui dans ses *Observations sur les Ecrits modernes*, était du même avis sur de La Tour.

« Il faut donc être un habile homme, pour bien faire en quelque genre que ce soit. Il faut donc être un habile homme pour faire du pastel... M. de La Tour le fait bien, par conséquent M. de La Tour est un habile homme. Malgré toute l'habileté de ceux qui sont sortis de leur talent pour entreprendre de faire du pastel, nul ne l'a si bien fait, à beaucoup près ; donc M. de La Tour est plus habile homme que ces habiles gens qui ont fait cette tentative. »

M. de Bonneval paraît être également un des grands amis de La Tour; dans le numéro du *Mercure* du 21 septembre 1746, il envoie des petits vers. La Nature se rit des efforts de l'art qui en employant les moyens les plus vrais ne donne jamais qu'une *imposture*. La Nature offre une lutte à l'art :

« Rendrois-tu *sans déchet* ces graces, ce contour ?
La Nature elle-même en ce moment surprise
Montroit sans y penser un portrait de La Tour.
L'art triompha de sa méprise. »

Mais il paraît que déjà le talent du peintre était discuté, si on en juge par ces quelques lignes du *Mercure* d'octobre 1674 :

« Le nouveau portrait de Mgr le Dauphin par M. de La Tour a réuni tous les suffrages ; il y a longtemps que ce célèbre peintre n'est plus exposé à les voir partagés; l'envie même n'ose plus élever sa voix contre lui; elle a été trop souvent étouffée par les acclamations publiques avec lesquelles tous ses ouvrages sont reçus. »

C'étaient sans doute des querelles de peintres, car je ne trouve rien dans les journaux qui justifie *l'envie* dont parle l'abbé Le Blanc. L'année suivante, il y eut une querelle assez vive entre M. Lieudé de Sepmonville et l'abbé Le Blanc (1). Dans sa brochure anonyme, M. de Sepmonville, trouvant les éloges du critique du *Mercure* un peu outrés, disait : « Qu'on ose mettre M. de La Tour de niveau avec Titien et *Vandeick*, c'est ce que le public n'adoptera jamais. »

En même temps l'abbé Le Blanc, à bout de compliments, ayant immolé les noms des plus grands peintres aux pieds du

(1) On la trouvera plus au long dans les *Réflexions nouvelles d'un amateur des Beaux-Arts adressées à madame de.... sur l'exposition de 1747.*

pastelliste, avait imaginé de parler d'un merveilleux secret qui devait conserver à jamais les pastels de son ami. A cela M. de Sepmonville réplique :

« Il est vrai que M. de La Tour s'est donné la torture pour trouver un *vernis* qui lui a manqué, et qui lui a gâté totalement quantité de tableaux. Ce fait peut être attesté par *ces habiles gens qui l'ont vu travailler et auxquels* notre auteur a entendu dire que le pastel était aussi compliqué que la peinture à l'huile. On n'ignore pas que M. de La Tour a offert une somme d'argent au sieur Charanton qui s'est flatté d'avoir trouvé la façon de fixer le pastel. On convient qu'il a découvert par ses soins quelque *corps subtil* avec lequel il prétend donner plus de consistance à cette façon de peindre. Mais ce secret en général deviendra celui de tous nos artistes en ce genre, si la chose réussit, parce que le sieur Charanton moyennant un profit raisonnable se fera un plaisir de servir le public. »

En 1748, les mêmes petites querelles de journalistes recommencèrent : il y avait toujours du pour et du contre, mais plus de pour que de contre. On lit dans la brochure anonyme intitulée : *Lettre sur la peinture, sculpture et architecture, avec un examen des principaux ouvrages exposés au Louvre au mois d'août 1748 :*

« M. de La Tour n'a pas si universellement soutenu sa réputation dans les morceaux de cette année, que dans ceux des années précédentes. Il est vrai que tous ses portraits sont parlants. On ne peut trop louer le soin avec lequel il a sçu rendre la cuirasse et l'habillement du Roy. Peu de jours après l'exposition, l'auteur a jugé à propos de le retirer. Mais il n'y a rien de si parfait que le portrait de la Reine : c'est un vrai chef-d'œuvre, tant par la ressemblance que par l'art avec lequel les ajustements y sont traités. Un peintre qui a donné autant de preuves d'habileté que M. de La Tour n'aurait-il pas pu varier davantage les attitudes? La trop grande uniformité de tous ses portraits, placés à la file l'un de l'autre, frappe la vue du spectateur d'une manière peu satisfaisante. »

Cette année-là, Le Moine envoya au salon le buste de La Tour qui avait fait son portrait ; il y avait des pastels de M. Pierre, peintre du roi : « Mais, dit un critique qui écrit une singulière langue, en fait de pastels c'est à M. de La Tour à qui on doit les honneurs. » L'abbé Le Blanc était encore revenu dans le *Mercure* sur le merveilleux procédé trouvé par le peintre pour fixer ses pastels : il s'attira une réponse spirituelle et juste, qui consistait à donner le secret à tout le monde :

« On adoptera volontiers les louanges que M. l'abbé Le B. a données à M. de La Tour, quoiqu'elles aient pu être dictées autant par des principes de reconnaissance (1) que d'équité. Mais pourquoi faire de M. de La Tour un peintre

(1) Par *reconnaissance*, le critique anonyme donne à entendre que l'abbé payait en compliments le portrait que le peintre avait fait d'après lui.

à secrets. Sont-ce les secrets qui lui font faire de beaux pastels? D'ailleurs tout le mystère pour fixer le pastel consiste à appliquer un beau vernis blanc à l'esprit-de-vin derrière le papier peint, et afin qu'il pénètre mieux sans tailler le tableau, on passe auparavant une couche d'excellent esprit-de-vin, et le vernis immédiatement après. »

Un poëte du temps, M. Pesselier envoya en 1750 au *Mercure* un petit morceau de poésie qui était destiné à flatter tout à la fois le peintre et son modèle :

A Melle SYLVIA, CHEZ M. DE LA TOUR, UN JOUR QU'ELLE ÉTAIT ALLÉE Y FAIRE PEINDRE SON PORTRAIT.

. . . .
« Les grâces que vous possédez,
De La Tour est fait pour les peindre.
Vous mettrez la critique à bout,
Par cet ouvrage où l'art au naturel s'allie :
Pour nous rendre si bien *Thalie*,
Il nous fallait le Dieu du *Goût*. »

A partir de cette année, la critique se tait; ce ne sont plus qu'éloges toujours. Je citerai encore quelques morceaux pour montrer la valeur de ces appréciations, je ne les discuterai même pas, à cause de leur peu de valeur. L'abbé Le Blanc continue toujours son commerce d'éloges, soit qu'il écrive dans le Mercure, soit qu'il réimprime ses articles sous le titre d'*Observations sur les ouvrages de Messieurs de l'Académie exposés au salon du Louvre*. Voici son article de l'année 1751 :

« Le plus grand éloge qu'on puisse faire des six pastels de

M. D. L. T. c'est de dire qu'ils sont peut-être supérieurs à ceux des années précédentes. Le public éclairé a vu avec admiration les grandes parties de la peinture énoncées dans tous ces morceaux. On était surtout frappé de l'art avec lequel le peintre a surmonté dans le portrait de Mme de La Reynière deux très-grandes difficultés : celle de conserver le brillant de la couleur dans les ajustements sans détruire la fraîcheur de la tête, et celle de faire ressembler une jolie femme sans lui faire de tort. Le portrait de M. de la Reynière est parlant. L'empâtement et les effets de chair dans la tête de M. Dille présentent la nature sous un aspect qui a ravi les amateurs. »

Et voilà pour en finir avec ce mauvais écrivain le fragment de sa brochure de 1753 :

« Le public est tellement habitué à ne voir au salon que des chefs-d'œuvre de M. de La Tour qu'il ne peut plus s'étonner que par la multiplicité, et c'est l'effet qu'ont produit les dix-huit tableaux qu'il y a mis cette année, qui tous semblent se disputer, et pour le degré de ressemblance, et pour la perfection de l'art. Si les connaisseurs ont paru donner la préférence à celui qui représente Mme Le Comte tenant un papier de musique, c'est qu'en effet il y a dans ce portrait une science de peinture et une intelligence de lumière qui surprend les maîtres de l'art. Jamais on n'a traité les ombres et les reflets avec plus de force et de vérité : la main qui tient le papier de musique sort entièrement du tableau. Il y a dans le bras une harmonie de clair-obscur et de couleurs dont on ne voit que peu d'exemples dans les ouvrages des meilleurs maîtres. »

Maintenant se présente dans l'arène des critiques le terrible Fréron lui-même qui oublie un moment ses rancunes littéraires pour publier, en 1753, *l'éloge du Salon et des Peintres en général et en particulier* :

« On compte cette année au Salon dix-huit portraits en pastel de M. de La Tour, qui prouvent de plus en plus que le crayon peut égaler le pinceau. Je me contenterai de citer le portrait de Mlle Ferrand, *méditant sur* (la décadence de la philosophie de) *Newton* qui est très-beau, et qui était d'une grande difficulté pour l'exécution. Celui de M. Dalembert, de l'académie des sciences, est étonnant pour la ressemblance. M. *Jean-Jacques Rousseau* se trouve aussi parmi les illustres dont les images décorent le Salon. Les traits, sans être riants, font plaisir à la vue ; tout ce que l'art imite parfaitement plaît aux yeux. Je ne sçais si c'est une plaisanterie ; mais on m'a assuré que l'austère Génevois avait fait une querelle à M. de La Tour de ce qu'il l'avait représenté assis sur une chaise mollement garnie de paille, et dont les bâtons avaient des pommes. Un banc, une pierre, ou même la terre, voilà le siège que notre philosophe demandait. Les portraits de M. de Bachaumont, amateur, de Mme de Mondouville et du sieur Manelli sont les personnes mêmes. Ce dernier est peint faisant des éclats de rire, tels qu'il en faisait dans l'opéra bouffon italien du maître de musique. »

On ne sait trop quel nom donner aux quelques lignes tirées de *la peinture, ode de Mylord Telliab, traduite par M.... de l'Encyclopédie* : elles sont incompréhensibles, mais il faut aller jusqu'au bout et boire la vase de tous les critiques :

« De La Tour sait par son tact subtil et magique saisir et fixer le sel volatil de l'esprit, si facile à s'évaporer des mains de qui que ce soit et de ceux même qui le possèdent. » Le même dit encore « que le principe qui pense et qui a dicté à M. de la Chaussée tant de comédies morales est identifié avec le pastel et réside sous la gloire de son portrait. »

Dans les *Observations sur la peinture*, de M. Gautier, à propos des tableaux exposés en 1753, je lis :

« M. de La Tour qui peint toujours des bouts de têtes avec des couleurs qui s'effacent aisément, a parfaitement réussi dans le portrait de M. le Marquis de Voyer et dans celui de M. Sylvestre. Je ne trouve dans celui de M. de Voyer qu'un seul défaut, c'est à l'ensemble de la tête et du corps. Celui de M. l'abbé Nollet est très-bien ; mais je ne sçaurais souffrir de peindre des académiciens, des philosophes, avec des affectations de joie, ainsi que dans le portrait de *Manelli,* jouant le rôle de l'*Impressario,* c'est encore plus mal fait de les mettre à côté l'un de l'autre ; car le portrait de M. Dalembert rit de même que celui de cet acteur des *Bouffons*, et on les voit du même coup d'œil. L'air séant de M. le marquis de Montalembert vaut beaucoup mieux. Je ne dis pas de faire pleurer les sujets, ni de leur faire faire la grimace ; mais l'état naturel de l'homme suffit, et lorsqu'on en sort, c'est une erreur. »

L'abbé Le Blanc n'est pas mort : il reparaît en 1754 par les lignes suivantes :

« Plusieurs portraits de M. D. L. T., peintre en pastel, ont fixé successivement les regards du public empressé à voir les ouvrages de cet artiste. Le portrait d'un capucin est d'une grande vérité et doit être d'une ressemblance parfaite. On a cru reconnaître dans un autre tableau, M. Tronchet, médecin de Genève. Il a l'air fier et spirituel et semble s'applaudir intérieurement de ses succès. Le modèle du chant, Mlle Fel, fait tant de plaisir à la voir si bien représentée qu'on se sent plus vivement pressé du désir de l'entendre. M. Monet est rendu à le prendre pour lui-même. »

Et encore dans le *Mercure de France* de 1761 :

« Les connaisseurs regardent le portrait de Mme la Dauphine et celui de M. le comte de Lusace comme le nec plus ultrà du pastel. Plus on les considère attentivement, plus on admire l'art, disons mieux, plus on l'oublie, puisqu'en effet on croit voir la Nature même.

» On trouve dans les portraits peints par M. de La Tour ce que, d'après les Grecs, les Latins ont appelé *mens oculorum*, ce qui fait qu'on croit presque y lire jusques aux pensées des personnes qui y sont représentées.

» Comme la tête de M. de Crébillon est d'un grand caractère, l'artiste judicieux l'a peinte nue avec quelques cheveux blancs qui lui donnent beaucoup plus de noblesse que n'aurait fait une perruque. »

Nous avions l'abbé Le Blanc, l'abbé Dubos, l'abbé Des Fontaines. Voici l'abbé de La Porte qui a également beaucoup écrit sur les arts dans l'*Observateur littéraire*, et qui réunissait ses articles en brochures sous le titre d'*Observations d'une Société d'amateurs sur le salon*. Il parle ainsi en 1761 :

« Une des ressemblances les plus frappantes dans les autres portraits, est celle d'un citoyen fort connu, et remarquable par la discrétion d'une charge dans les ordres du Roi. Non seulement le peintre a saisi le caractère distinctif de sa physionomie, mais encore dans le seul buste, toute l'habitude du corps, par laquelle on reconnaît distinctement celle de l'esprit.

» Nous ne devons pas omettre un autre citoyen estimé, que l'on voit en robe de chambre, assis de côté sur une chaise dont le dossier lui sert d'appui. On ne peut voir une position plus facile, plus vraie et plus d'illusion dans aucun portrait qui soit sorti des mains de M. de La Tour. »

Je trouve dans les *Lettres de madame *** sur les peintures, sculptures et gravures exposées au salon du Louvre en 1763* :

« Les productions en pastel de M. de La Tour ne manqueront jamais d'admirateurs, surtout quand il nous tracera avec cette supériorité opiniâtre, des portraits aussi précieux pour notre nation que ceux qu'il a exposés cette année. J'y ai remarqué assez de précision, et même une sorte d'éclat dans les draperies que les pastels ont rarement. Il faut en convenir; les beautés qu'on trouve dans les ouvrages de M. de La Tour sont de lui, et les défauts qu'on y voit sont de son art. Genre froid et borné, qui manque presque toujours d'expression et d'effet, qui rend faiblement les passions, et qui ne saurait exciter l'enthousiasme sublime que les arts inspirent à ceux qui les aiment. »

Vers la fin de la carrière de La Tour, les articles étaient moins nombreux; cependant on lit encore dans la *Lettre sur le salon de peinture de 1769* par M. B... (sans doute Bachaumont) :

« Nous devons faire grand état de nos artistes distingués qui s'appliquent au portrait. Et entre ceux-là pourrai-je ne pas vous nommer d'abord le célèbre M. de La Tour, le peintre de la vérité : qui n'a ni manière, ni touche qui le distinguent, et qu'on ne peut reconnaître qu'à cette perfection qui le rend à égal de la Nature et qui fait disparaître l'imitateur pour ne laisser voir que la chair. Il est, selon moi, en peinture ce qu'est Pascal en diction. Comme celui-ci rend la pensée aussi pure, aussi lumineuse, aussi sublime qu'il l'a conçue, celui-là représente l'objet nettement, fidèle, identique, tel qu'il l'a voulu peindre. Le style de l'un est une parole distincte, qui porte dans notre esprit les idées qu'elle énonce, sans qu'elles se dénaturent par l'expression. Le pinceau de l'autre est une glace qui répète à nos yeux les traits dont elle s'est imprégnée, sans qu'ils s'altèrent en rien par la réflexion. Cette extrême fidélité d'imitation rappelle le conte de Lamotte, où un particulier pour confondre des flatteurs qui critiquaient son portrait comme moins beau que lui, passe sa tête à travers la toile découpée et leur crie lorsqu'ils viennent encore contester la ressemblance : *Vous vous trompez, Messieurs, c'est moi-même.* Il semble que les têtes de M. de La Tour vont en dire tout autant à quiconque oserait faire l'incrédule sur leur parfaite vérité. Cet habile maître ne nous a donné que peu de pastels cette année ; mais dans ce peu même, il se retrouve tout entier. C'est tout dire. »

Il ne reste plus qu'un petit morceau à citer : c'est le dernier. La brochure anonyme a pour titre : *Lettre sur l'exposition des ouvrages de peinture au salon du Louvre, 1769.*

« Quatre portraits en pastel sont les seuls ouvrages de M. de La Tour à ce salon. Il y a une facilité de touche et une force étonnante dans la couleur de ces tableaux. On ne peut rien ajouter à la vérité de la nature, et au caractère de ressemblance de ces portraits, ils semblent respirer. C'est bien dommage qu'il n'y ait point de procédé sûr pour fixer de pareils pastels, ils sont faits pour aller à la postérité. Vous ne les trouverez pas entourés de superbes bordures ; mais ils n'en ont pas besoin, c'est une belle femme qui dédaigne les ajustements. »

Diderot n'est pas si long ni si fatigant : jugeant assez durement les académiciens en 1767, il dit des deux peintres en pastels rivaux :

« La Tour. Excellent peintre en pastel. Grand magicien.

» Péronneau. Fut quelque chose autrefois... » (1)

(1) J'ai relégué dans les notes, comme on met au grenier les meubles inutiles qui encombrent un appartement, des citations trop longues et trop pénibles dont on se plaindra peut-être d'avoir subi un échantillon considérable dans cette notice.

CHAPITRE IV.

—

Anecdoctes faisant connaître son caractère.

De La Tour devient bientôt le peintre le plus à la mode de la cour ; en vertu d'un brevet du 4 avril 1750, de La Tour « peintre du roi en pastel, » obtint un logement au Louvre qu'il habitait encore en 1775. Le catalogueur Mariette qui décidément avait quelque grief contre lui, a écrit : « On n'en finirait pas si l'on entreprenait de raconter les scènes ridicules qu'il a données à la cour, et qui ont beaucoup ralenti le désir qu'on y mettait dans la recherche de ses ouvrages. Il croyait s'y faire admirer par une sorte de philosophie qui tirait de celle de Diogène-le-Cynique et il n'y a gagné autre chose que d'être regardé comme un impoli et qui n'avait aucun usage du monde. On lui a aussi reproché de n'apporter dans les sociétés où il voulait briller et se donner pour homme de lettres, qu'un reste à moitié digéré de ce qu'il avait lu dans quelques livres un moment avant que de sortir de chez lui. Et ces lectures étaient ordinairement dans des livres qui traitaient de matières fortes, au-dessus de son intelligence. »

Une partie de ces assertions est démentie par M. Bucelly d'Estrées : « La Tour était d'une société agréable et d'une conversation intéressante; il joignait à son talent de vastes connaissances en littérature. » Une biographie, publiée en 1812 dans le *Dictionnaire universel*, dit : « La Tour était non seulement un grand artiste, mais un homme aimable. Il peignit nos gens-de-lettres les plus distingués et vécut avec eux en homme capable de les entendre. » Cependant dans le portrait un peu chargé de Mariette, je retrouve bien l'artiste intelligent qui cherche à s'instruire, qui méprise l'ignorance de ses confrères et qui les renie au besoin. Il y a eu de tout temps de ces fraternités et de ces camaraderies entre la littérature et la peinture.

Les artistes qu'on rencontre dans le cabinet des écrivains sont des gens avides de savoir, qui ne peuvent que gagner au contact d'un art supérieur : ayant médité longtemps sur la partie pratique de leur art, ils vont se retremper dans les sources de créations d'un ordre plus élevé; de là les relations de La Tour avec Diderot qui lui-même n'était pas fâché de débrouiller les mystères des arts. Avec Chardin et La Tour, le philosophe eut des discussions sans fin, pour se rendre compte des procédés matériels de la peinture. Des idées, Diderot n'en avait pas besoin, il en avait toujours plein ses poches et il les secouait par la fenêtre avec une folle insouciance; mais il sentait le besoin d'appuyer ses théories sur des faits positifs, et s'il discutait sur le *Beau*, ce n'était pas un homme à rester dans des brouillards de généralités.

Quoique les écrivains d'alors fréquentassent le monde, un certain monde de petits cercles philosophiques, ce n'était pas sur leur exemple que La Tour pouvait se modeler pour apprendre ce que Mariette appelle bourgeoisement l'*usage*. Dans toutes les coteries où étaient reçus ces philosophes, il régnait une gaîté, un sans-gêne, une liberté de tout dire, même les choses les plus gaillardes qui, jointes au débraillé de l'atelier, ne pouvaient jamais rendre La Tour un parfait courtisan.

Son ami, le chevalier de Bucelly d'Estrées, a dit qu'il avait le système nerveux très-irritable.

Si les biographes négligent souvent de constater de pareilles maladies si communes chez les artistes, le monde s'en occupe bien moins encore. Tout l'homme est cependant expliqué par un *système nerveux très-irritable*. Ses impatiences, ses petites colères, son air sombre une minute après l'air gai, sa critique amère, doivent être pardonnés; car celui qui souffre le plus, c'est l'homme impatient, c'est celui qui sent passer dans son esprit la pluie après le soleil, c'est celui qui vient de critiquer cruellement l'œuvre de l'homme qu'il aime. Il fait tout ce qu'il peut pour être comme tout le monde, posé, tranquille, le sourire sur les lèvres, les compliments au bout de la langue et ses nerfs l'emportent. Les nerfs sont de cruels tyrans. Ils expliquent parfaitement le caractère taquin quoique bon, qui semble appartenir plus en particulier au peintre de Saint-Quentin. Diderot se plaint de ne voir au salon de 1767 rien de Pierre, ni de Boucher, ni de La Tour, ni de Bachelier, ni de Greuze. « Ils ont dit pour leurs raisons qu'ils étaient las de s'exposer aux bêtes et d'être déchirés. » Les *bêtes féroces*, ce sont les critiques, et il n'y a pas un artiste grand ou petit qui ne se soit laissé prendre à ces faiblesses. *Ils ne veulent plus exposer !* Nous voyons ces mêmes faits se renouveler aujourd'hui et on les verra toujours. Cependant La Tour qui se plaignait d'être déchiré par les bêtes ne fut jamais soumis à des critiques bien passionnées. On l'a pu voir par les échantillons des morceaux que j'ai donnés.

Les peintres sont de grands enfants et on comprend, en étudiant leur vie, l'influence dont jouissait Arétin, mettant à contribution le pinceau et le ciseau des plus illustres artistes italiens. La Tour est un homme d'esprit, cherchant à s'instruire. Je suis certain qu'il ne pardonnera pas à un homme sérieux qui aura imprimé une critique raisonnable où on lui démontrera quelque défaut saillant dans un de ses portraits. Il aimera mieux qu'on l'encense avec des vers de confiseur, tels que les suivants :

« Par les tons ravissants d'un pastel enchanteur,
Fascinant tous les yeux d'une commune erreur,
Les chefs-d'œuvres sévers de ta main noble et sûre,
Sont au-dessus de l'art et trompent la nature. »

Son tempérament taquin ne le quitta jamais, même à la cour.

La Tour en présence de Louis XV, affectait de ne citer que des actions remarquables des étrangers. — Je vous croyais Français, dit le Roi. — Non, Sire, je ne le suis pas. — Vous n'êtes pas Français, dit le Roi d'un air surpris. — Non, Sire, je suis Picard de Saint-Quentin.

Quand il s'agit de commencer le portrait du Roi, La Tour fut conduit dans un donjon éclairé de tous les côtés. — Que veut-on, dit-il, que je fasse dans cette lanterne, quand il ne faut, pour peindre, qu'un seul passage oblique à la lumière. « Le Roi répondit qu'il avait choisi exprès cet endroit écarté pour ne pas être interrompu. — Je ne pouvais m'imaginer, Sire, dit La Tour, qu'un Roi de France ne fût pas maître chez lui. » C'est sans doute à cette même séance qu'il dit ce mot que Champfort a rapporté. Le peintre avait présumablement fourré son nez dans les questions économiques et il se plaignait de voir l'état de délabrement de la marine. Louis XV eut de l'esprit ce jour-là. — « Eh! dit-il, n'avons-nous pas la marine de Joseph Vernet! » Mariette rapporte autrement l'affaire. « La Tour peignait le portrait de Mme de Pompadour; le Roi était présent et, dans la conversation, il fut question de bâtiments que le Roi avait fait construire. La Tour qu'on n'interrogeait pas, prit la parole et eut l'impudence de dire que cela serait fort beau, mais que des vaisseaux vaudraient beaucoup mieux; c'était dans le temps que les Anglais avaient détruit notre marine et qu'on n'avait aucun navire à leur opposer. Le Roi en rougit et tout le monde regarda comme une bêtise, une sortie si imprudente qui ne menait à rien et ne méritait que du mépris. »

M. Dardent a raconté dans la *Biographie universelle* une assez comique histoire à propos du portrait de madame de Pompadour :

On avait fait demander La Tour à la cour, pour peindre madame de Pompadour; sa première réponse fut : — « Dites à madame que je ne vais pas peindre en ville. » C'était peut-être un système de se faire prier, car il finit par y aller et ce n'était pas la première fois qu'il refusait brusquement un portrait pour le faire ensuite. Mais il demanda pour condition expresse que pendant la séance il ne serait interrompu par personne. Madame de Pompadour consent à tout ce que demande le peintre plus capricieux qu'une jolie femme. La Tour se dispose à travailler suivant sa coutume : il ôte les boucles de ses escarpins, ses jarretières, son col, il accroche sa perruque à des flambeaux et met sur sa tête son bonnet de peintre. Dans ce costume d'atelier il commence à travailler lorsque Louis XV entre. Madame de Pompadour seule sourit ; le Roi est étonné du costume sans prétentions du peintre; La Tour est furieux d'être dérangé ; il se lève, ôte son bonnet. — Vous aviez promis, madame, que votre porte serait fermée. — Le Roi insiste doucement pour rester. — Il m'est impossible d'obéir à votre Majesté, dit La Tour; je reviendrai lorsque madame sera seule. » Il emporte sa perruque, son col, ses jarretières, son chapeau, s'habille dans une autre pièce et il ne revint que plusieurs jours après, quand Mme de Pompadour l'a assuré qu'il ne serait plus interrompu à l'avenir.

Le chevalier d'Estrées rapporte qu'un jeune pastelliste, Péronneau, vint un jour demander à faire le portrait de La Tour; l'homme célèbre, étonné, consent cependant; il s'habille en grand seigneur, habit de velours, chapeau sous le bras et veste de brocard d'or. Péronneau fait le portrait qui donna à La Tour l'idée de se peindre lui-même en Démocrite. Le même salon vit les deux rivaux en pastel, face à face. Celui de La Tour obtint plus de succès; sans doute par une malignité de La Tour qui s'était entendu avec Chardin pour le placement des tableaux, le doigt moqueur de Démocrite était tourné vers le pastel de Péronneau; « mystifié, celui-ci quitte la France et se rend en Danemarck y faire des portraits. »

Il faut prendre garde à l'ami de La Tour autant qu'à Mariette son ennemi: il voit tout en beau de même que l'autre voit tout en laid. Cette anecdote est arrangée. Sans preuves contraires, il paraîtrait étrange que pour une légère défaite comme celle d'un portrait, un peintre eût quitté la France. Diderot a raconté l'histoire d'une façon plus vraisemblable dans le salon de 1767 et n'a pas donné tout-à-fait raison à La Tour :

« Lorsque le jeune Péronneau parut, La Tour en fut inquiet; il craignit que le public ne pût sentir autrement que par une comparaison directe l'intervalle qui les séparait. Que fit-il? il proposa son portrait à peindre à son rival qui s'y refusa par modestie ; c'est celui où il a le devant du chapeau rabattu, la moitié du visage dans la demi-teinte, et le reste du corps éclairé. L'innocent artiste se laisse vaincre à force d'instances; et tandis qu'il travaillait, l'artiste jaloux exécuta le même ouvrage de son côté. Les deux tableaux furent achevés en même temps et exposés au même salon ; ils montrèrent la différence du maître et de l'écolier. Le tour est fait et me déplait. Homme singulier, mais bonhomme, mais galant homme, La Tour ne ferait pas cela aujourd'hui ; et puis il faut avoir quelque indulgence pour un artiste piqué de se voir rabaissé sur la ligne d'un homme qui ne lui allait pas à la cheville du pied. Peut-être n'aperçut-il dans cette espiéglerie que la mortification du public, et non celle d'un confrère trop habile pour ne pas sentir son infériorité, et trop franc pour ne pas la reconnaître. Eh ! ami La Tour, n'était-ce pas assez que Péronneau te dise : Tu es le plus fort; ne pouvais-tu être content, à moins que le public ne te le dise aussi ? Eh bien! il fallait attendre un moment, et ta vanité aurait été satisfaite, et tu n'aurais point humilié ton confrère. »

Mais cette petite malignité est bien effacée par de beaux traits. Louis XV fit offrir à son peintre le cordon de Saint-Michel ; c'était une dignité fort estimée parce que le Roi ne la prodiguait pas aux artistes ; l'ordre de Saint-Michel conférait la uoblesse, La Tour refusa. Il n'usa de son influence à la cour que pour rendre service au maréchal de Saxe son ami, qui lui avait fait part de son inquiétude sur son sort après la guerre. Le peintre devint courtisan et solliciteur pour le vieux maréchal qui ne voulait pas l'être; il emploie son crédit, il presse ses amis, il met tout en œuvre et obtient une pension de deux cent mille francs payables sur les états d'Artois. Le maréchal de Saxe ne connut le solliciteur qu'en allant remercier le Roi.

On cite encore de La Tour qu'un de ses amis lui ayant légué en mourant la plus grande partie de sa fortune, il refusa. Le testateur laissait des parents dans la plus grande médiocrité. La Tour leur remit la succession entière. Comme ce trait rentre dans les *Entretiens d'un père de famille*, et que Diderot eût écrit quelques belles lignes sur l'ami La Tour, s'il eût connu le fait !

CHAPITRE V.

De La Tour peint par lui-même.

La Tour partagea avec beaucoup de grands artistes la manie de se peindre; cela ne tient pas autant qu'on pourrait le croire à l'orgueil; la paresse, la solitude mènent souvent les peintres à se représenter jeunes, vieux, habillés à l'antique, à la moderne, pleurant, grimaçant, avec des moustaches, sans barbe, avec de longs cheveux ou la tête rase. Ce jour-là ils sont ennuyés de leur toile commencée. Personne ne vient les distraire, une glace est dans l'atelier, ils se regardent, s'étudient, et la main va toute seule à rendre un masque qu'ils connaissent mieux que personne, moins que personne. C'est ainsi que les livrets nous montrent de La Tour envoyant aux salons le portrait de l'*auteur qui rit*, et une autre fois « l'auteur ayant le bord de son chapeau rabattu. » Il en envoya beaucoup d'autres dans de singulières attitudes et diversement costumés ; car les peintres du côté de l'habillement, sont toujours un peu comédiens dans leur jeunesse ; ils n'aiment pas le costume de leurs voisins, et de tout temps ils ont cherché à se singulariser par leur mise. Nos peintres d'aujourd'hui regrettent les costumes galants de Watteau, et lespeintres du 18e siècle n'étaient pas plus satisfaits des modes de leur temps que nous de nos chapeaux ronds et de nos paletots. L'homme n'est jamais content de sa destinée, il ne vit que de regrets et de désirs : c'est une grande faute que cette maladie du *pittoresque* dont sont atteints les peintres de portraits. Je veux citer à cet égard deux hommes qui ne se ressemblent nullement et cependant qui se sont rencontrés sur le même terrain du réalisme, un poëte et un savant, M. de La Borde et M. Baudelaire. « Les ateliers et le monde sont encore pleins de gens qui voudraient poétiser Antony avec un manteau grec ou un vêtement mi-parti, dit l'auteur du *Salon de 1846*. Et cependant, n'a-t-il pas sa beauté et son charme indigène, cet habit tant victimé ? N'est-il pas l'habit nécessaire de notre époque souffrante, et portant jusque sur ses épaules noires et maigres le symbole d'un deuil perpétuel? » Dans un petit volume fort rare aujourd'hui, le *Salon de 1845*, M. Baudelaire poussait déjà les peintres dans la voie de la représentation de *la vie moderne :* « Celui-là sera le *peintre*, le vrai peintre, qui saura arracher à la vie actuelle son côté épique, et nous faire voir et comprendre, avec de la couleur ou du dessin, combien nous sommes grands et poétiques dans nos cravates et nos bottes vernies. » M. le comte Léon de La Borde, à propos de la manière simple dont les Clouet comprenaient le portrait (1), a écrit aussi un passage très-bien senti : « Nos peintres modernes, chez qui la naïveté n'est pas la qualité dominante, font depuis longtemps de violents efforts pour échapper aux difficultés de la réalité. L'Europe, on ne le sait que trop, est soumise à la mode d'habits étriqués, de chapeaux sans forme connue, de collets de chemise aux angles aigus et de coiffures écourtées à raies contre nature. Que font nos artistes? Ils vont chercher les manteaux de Velasquez, les chapeaux à larges bords de Van Dyck; ils font parfois appel à la toge romaine, ou même à la chlamyde grecque; et avec ces costumes pittoresques et des coiffures à l'avenant, ils nous exposent drapés noblement ou horriblement débraillés, deux excès que nous épargne le laisser-aller sans prétention de nos tristes habits. Ils n'ont pas compris que nos physionomies, nos tournures, dépendent essentiellement et sont un peu le résultat de ces modes qu'on est en droit de critiquer, mais non pas de supprimer. Les peintres primitifs se donnaient moins de peine pour atteindre le véritable but; ils copiaient simplement leur modèle. Et ne croyez pas leur pinceau monotone ; dites-vous bien que chaque époque a sa monotonie d'expression et de pose, aussi bien que de costume. »

(1) La renaissance des arts à la cour de France, études sur le seizième siècle. 1 vol. in-8°. 1851.

Ce que tous les gens sensés d'aujourd'hui crient de toutes leurs forces, la représentation exacte de nos mœurs, de nos costumes et ce qu'un de mes amis, M. Courbet, a osé avec un grand courage, bravant la critique, poussant ses théories à l'excès, faisant grand scandale auprès de gens qui ne s'offusquent pas de voir des tableaux de bataille grands comme un panorama et qui n'admettent ni le bourgeois ni le paysan à partager cette représentation de leurs habitudes, ainsi que le fit pour les Hollandais (je ne dirai pas Rembrandt, il est trop au-dessus des peintres), mais Van Der-Helst, Diderot l'avait deviné un siècle avant nous, le disant aux peintres, le montrant au peuple au théâtre et l'expliquant dans ses livres. Et il n'eut que Chardin pour le comprendre ; cependant La Tour ne peut être accusé de trop grands mensonges dans l'arrangement de ses portraits.

Il existe un portrait de La Tour, peint d'après lui-même et gravé à la manière noire par son ami Schmidt, graveur anglais, qui peut donner une idée de la tournure d'esprit du peintre. La gravure date de 1751 : La Tour pouvait avoir alors quarante-cinq ans. Il s'est peint dans l'intérieur de son atelier, comme s'il était à la fenêtre, accoudé sur un gros volume, le bonnet de peintre sur la tête, la figure pleine de moquerie, le doigt montrant dans le lointain quelque chose qu'une femme ne saurait regarder sans rougir et que le graveur n'a pas assez perdu dans le clair-obscur du fond de l'atelier. Avec sa bouche rieuse, son grand front déjà dégarni de cheveux, les narines larges, une figure pleine de jeux de muscles et de mille petites rides qui partent d'un coin de l'œil moqueur pour se mêler aux veines accusées des tempes, La Tour a l'air d'un agréable fourbe d'ancienne comédie, de Mascarille, de Scapin qui vient de jouer un tour à un vieux tuteur jaloux. Effectivement le peintre a joué un tour, mais au public qui regarde le portrait. S'il rit aux éclats, c'est de voir la mine confuse que fait une belle dame dont les yeux tomberont sur le portrait scandaleux.

J'ai vu chez un marchand de tableaux, il y a quelques années, une toile fort gaie qu'on attribuait à Hogarth ; elle était peinte avec beaucoup d'esprit et m'a semblé assez réjouissante pour être décrite. Elle servira d'ailleurs à expliquer le portrait inexplicable de La Tour.

Devant la porte d'un cabaret anglais, une foule de personnes joyeuses, des femmes du peuple, des paysannes lèvent la tête vers le premier étage. Un cavalier qui passe arrête son cheval pour regarder ; un paysan grimpe à un arbre, pour mieux voir ; une lady se cache tant qu'elle peut derrière un mur, et n'en fixe pas avec moins de curiosité ce qui se passe en haut. Au contraire, un ministre protestant et sa femme, tous deux sévèrement habillés de noir, qui buvaient de la bière à la porte de ce cabaret, baissent les yeux en gémissant de la comédie qu'on donne au premier étage.

Et il y a de quoi s'effaroucher !

La langue anglaise éclaterait dans le gosier d'un homme assez *improper* pour raconter cette scène ; mais les Anglais ne rougissent jamais du *fait* ; ils ne craignent que le *mot*.

Par la fenêtre du milieu s'étale un visage considérable, qui n'est point une figure ordinaire : on le voit bien, car il est facile de deviner que les yeux, le nez et une énorme paire de moustaches peintes assez grossièrement, servent à déguiser la réalité grossière de ces deux grosses joues qui, se réunissant en forme de mappemonde, ne sont après tout qu'un oméga humain. Au premier abord, on peut se méprendre sur ce gros visage ; mais une étude approfondie de ce nez bizarre qui forme un fossé entre les deux joues au lieu de s'élancer en saillie et de porter ombre sur la figure, ne peut laisser aucun doute. Avec quelques draperies arrangées autour des reins, on a fait un turban à cette espèce de *Turc* ressemblant assez aux masques de carton de nos anciens Turcs de bal masqué.

Pour mieux attirer l'attention des curieux vers le *Turc*, deux nègres placés à des fenêtres voisines sonnent de la trompette.

Le tableau d'Hogarth est de la famille du portrait de La Tour. Ce que le peintre montre dans le fond de son portrait, en indiquant avec son doigt, c'est une petite femme qui se sauve en retroussant sa robe par derrière, en montrant ses souliers à hauts talons, des bas attachés avec des rubans au-dessous du genou et laissant voir entièrement ce qu'on montrait par la fenêtre du cabaret anglais.

Les esprits hypocrites d'aujourd'hui croient montrer leur vertu en faisant de l'indignation apparente. Cependant il n'y a aucune immoralité dans les deux œuvres. Le tableau présumé d'Hogarth (1) est dans les limites du gros comique. Tant pis pour les esprits chagrins qui ne verraient là que le sujet de se voiler la face. La joie grossière est moins dangereuse que la galanterie; les mots à peu près sont beaucoup plus significatifs que le mot crû. Cependant il y a, entre le tableau d'Hogarth et le portrait de La Tour, la différence qui existe entre le tempérament anglais et le tempérament français. Si la plaisanterie d'Hogarth est violente, elle dit tout d'un coup et elle laisse le spectateur s'en aller le rire sur les lèvres ; au contraire, la polissonnerie de La Tour est moins saisissable, elle laisse à deviner, elle préoccupe, elle s'empare de l'esprit. Son premier défaut est le manque de clarté. Que signifie cette petite dévergondée qui fuit dans le fond de l'atelier en saluant le peintre avec ce visage qui est d'ordinaire soigneusement couvert et dont les formes amples nous ont été données pour nous reposer ? L'explication est laissée tout-à-fait dans l'obscurité, d'autant plus que sur le chevalet placé dans ce portrait, il existe une toile esquissée au crayon blanc, et que cette esquisse représente la même petite femme, mais faisant l'action contraire qui l'occupe en ce moment. C'est ici que Diderot manque, lui dont la plume chaste et hardie tout à la fois a su décrire les mystères les

(1) Je dis *présumé*, car la signature : *Hogarth, 1758*, qui se trouve sur la porte du cabaret, ne prouve rien. Au contraire, ce tableau est peint avec la facilité de Lancret et des petits maitres du 18e siècle, avec un peu plus de simplicité cependant.

plus secrets de la statuaire. Il n'a pas connu ce portrait, car il l'eût décrit avec amour.

Dans le catalogue raisonné de l'œuvre du graveur Schmidt, qui fut ami de La Tour, on trouve la description d'un pastel qui montre la façon plaisante et taquine qui poussait le peintre à historier un portrait. « La Tour, dit le rédacteur du catalogue, est représenté à mi-corps, regardant par une fenêtre sur laquelle il s'appuie, et montre de la main gauche une porte fermée qu'on voit dans le fond ; il a la mine riante. Derrière lui il y a un chevalet. Voici l'occasion qui lui donna l'idée de se peindre dans cette attitude. M. de La Tour avait parmi ses amis un certain abbé qui venait le voir très-fréquemment et passait souvent une partie de la journée chez lui, sans s'apercevoir qu'il l'incommodait quelquefois. Un jour notre peintre, résolu de faire son propre portrait, avait fermé la porte au verrou afin d'être seul. L'abbé ne tarda pas à venir et à frapper à la porte. M. de La Tour qui l'entendit et qui était dans l'attitude de dessiner, fit le geste de pantomime que nous voyons dans son portrait. Il semble se dire en lui-même : Voilà l'abbé, il n'a qu'à frapper, il n'entrera pas. Cette attitude ayant plu au peintre, il prit le parti de s'y peindre. L'inscription en bas est : Peint par de La Tour, et gravé par son ami Schmidt en 1742. A Paris, chez Schmidt, graveur du Roi, quai des Morfondus, proche la rue du Harley. Cette estampe, dont l'original est en pastel, a été exposée au salon de l'académie en 1743. On a fait en Angleterre une copie plus petite de ce portrait, en manière noire. Elle est assez fidèle, excepté dans les accessoires ; au lieu d'une porte fermée, elle offre une femme vue par le dos, levant sa chemise et montrant son derrière. Nous laissons au lecteur à juger ce trait de satire. On aperçoit aussi sur le canevas du chevalet l'esquisse d'une femme qui lève sa chemise et montre son devant, ce qui n'est pas dans l'original. »

Le rédacteur du catalogue Schmidt se trompe et confond deux portraits tout à fait dissemblables ; dans la gravure à peu près libertine, La Tour a la tête nue et en pleine lumière; dans l'estampe qui représente le gros abbé venant troubler l'artiste, La Tour a la figure à moitié dans l'ombre que projette un de ces chapeaux à bord rabattu qu'il se plaisait à reproduire. Qu'on ait tout à coup orné une œuvre sérieuse d'accessoires plus que légers, cela paraît douteux de la part d'un ami graveur qui se serait exposé pour sa vie à la rancune d'un homme aussi irritable que le peintre picard.

Cette polissonnerie démontre certainement un des côtés de l'esprit de La Tour qui, tout en faisant son portrait sérieusement, s'amusa à y jeter ces accessoires libertins que tous les peintres de cette époque ont employés, même le vertueux Greuze lui-même, Greuze le peintre à sujets philosophiques, qui a sur la conscience quelques pastels de pantoufle dansant au bout du petit pied d'une marquise qui s'éveille. La Tour devait avoir dans la conversation la légèreté de langage décolleté et spirituel qui venait plus de son siècle que de lui-même. Mais il n'y a pas de quoi fâcher la plus prude : cela dépend du ton dans lequel l'histoire est contée. Qui oserait prendre une voix sévère pour se plaindre des historiettes qui emplissent *Jacques-le-Fataliste* et *Tristram Shandy* !

CHAPITRE VI.

La Tour peint par Diderot.

Ce chapitre est magnifique : il est tout entier de Diderot. Ce serait un crime que de déchirer les pages du plus grand génie du dix-huitième siècle pour les analyser sèchement. Quand Diderot voit juste en peinture, personne n'écrit comme lui, et il a toujours vu juste les belles choses. Il y a trois peintres du dix-huitième siècle auxquels on ne peut toucher, Chardin, Greuze et La Tour, sans citer Diderot à chaque ligne.

Le premier fragment assez considérable qui va suivre n'a jamais été imprimé en volume. Il devait faire partie des manuscrits publiés en 1834 par le libraire Paulin sous le titre de *Mémoires, correspondances et ouvrages inédits de Diderot, publiés d'après les manuscrits confiés en mourant par l'auteur à Grimm*. Pour des motifs inconnus, ce morceau est allé grossir le paquet malheureusement inédit encore des travaux sur les arts de l'illustre encyclopédiste.

« De La Tour travaillait, je me reposais; en me reposant je l'interrogeais et il me répondait. Je lui demandai pourquoi dans un morceau aussi parfait que *La Petite Fille au chien noir* de Greuze, où l'on voyait le talent difficile des chairs porté au suprême degré, l'artiste n'avait pas su faire du linge; car le bout de chemise qui couvre un des bras de la figure est un morceau de pierre sillonné en forme de plis. « L'origine de ce défaut, me dit-il, l'est aussi d'une infinité d'autres plus essentiels. Cela vient de ce qu'on prêche de trop bonne heure aux enfants d'embellir la nature, au lieu de la rendre scrupuleusement. Ils se livrent à ce prétendu embellissement avant de savoir ce que c'est; en sorte que quand il s'agit d'imiter servilement, comme il faut s'y résoudre dans ces petites choses, ils ne savent plus où ils en sont. »

» Je voulais savoir ce qu'il entendait, lui, par *embellissement*, et j'eus la satisfaction de voir qu'un homme qui avait vaincu une nature ingrate qui s'opposait à ses progrès, et qui n'avait excellé qu'à force de travail et de réflexion, était précisément dans les mêmes idées que moi.

» Les professeurs de notre école, me dit-il, font deux fautes graves : la première, c'est de parler trop tôt aux enfants de ce principe; la seconde, c'est de le leur proposer sans y attacher aucune idée. D'où il arrive, qu'entre les enfants, les uns s'assujétissent en esclaves aux proportions de l'antique, à la règle et au compas, d'où ils ne se tirent plus et sont à jamais faux et froids; et que les autres s'abandonnent à un libertinage d'imagination qui les jette dans le faux et le maniéré, d'où ils ne se tirent pas davantage.

» Voici donc ce que j'entends, continua-t-il, par embellir la nature. Il n'y a dans la nature, ni par conséquent dans l'art, aucun être oisif. Mais tout être a dû souffrir plus ou moins de la fatigue de son état.

» Il en porte une empreinte plus ou moins marquée. Le premier point est de bien saisir cette empreinte, en sorte que s'il s'agit de peindre un roi, un général d'armée, un ministre, un magistrat, un prêtre, un philosophe, un portefaix, ces personnages soient le plus de leur condition qu'il est possible; mais comme toute altération d'une partie a plus ou moins d'influence sur les autres, le second point est de donner à chacun la juste portion d'altération qui lui convient, en sorte que le roi, le magistrat, le prêtre, ne soient pas seulement roi, magistrat, prêtre de la tête ou du caractère, mais soient de leur état depuis la tête jusqu'aux pieds! Ajoutez à cette étude longue, pénible, difficile, à ce goût qui n'est pas si déterminé qu'il ne laisse à la fantaisie de l'artiste une assez grande marge, un peu d'exagération, assez pour que la scène et les personnages qui la composent soient merveilleux, et l'on dit de vos figures comme de celles de Raphaël, que quoiqu'elles n'existent peut-être nulle part, il semble pourtant qu'on les ait toujours vues... Vous voyez que c'est là exactement ce que j'établissais dans mon préambule du salon de 1767.

» Mais il ne faut rien vous céler. Il me confia que la fureur d'embellir et d'exagérer la nature s'affaiblissait à mesure qu'on acquérait plus d'expérience et d'habileté, et qu'il venait un temps où on la trouvait si belle, si une, si liée même dans ses défauts, qu'on penchait à la rendre telle qu'on la voyait : penchant dont on n'était détourné que par l'habitude contraire et par l'extrême difficulté qu'on trouvait à être assez vrai pour plaire en suivant cette route....; autre principe qui, comme vous savez, m'était venu d'instinct, comme vous vous en assurerez en relisant le premier chapitre de mon petit *Traité de peinture.*

» Mais venons aux morceaux de cet artiste. Savez-vous ce que c'était? Quatre chefs-d'œuvre renfermés dans un châssis de sapin, quatre portraits. Ah! mon ami, quels portraits, mais surtout celui d'un abbé! c'était une vérité et une simplicité dont je ne crois pas avoir encore vu d'exemples; pas l'ombre de manière, la nature toute pure et sans art, nulle prévention dans sa touche, nulle affectation de contraste dans sa couleur, nulle gêne dans sa position. C'est devant ce morceau de toile grand comme la main que l'homme instruit qui réfléchissait s'écriait : Que la peinture est un art difficile!... Et que l'homme instruit qui n'y pensait pas, s'écriait : Oh! que cela est beau!

» C'est évidemment pour faire acte de suzeraineté qu'il avait exposé ces têtes; c'était pour nous montrer l'énorme distance de l'excellent au bien, et il est sûr qu'au sortir du coin où on l'avait relégué, il était difficile de regarder d'autres ouvrages du même genre. »

Le raisonnement de La Tour sur le portrait est d'une grande vérité ; ce qu'il dit de la fureur d'embellir la nature qu'ont les jeunes gens et de la beauté qu'on y trouve même dans ses défauts, montre un homme qui a beaucoup réfléchi. Effectivement, quand Diderot visita notre peintre, La Tour avait cinquante-six ans, ce qui donne la date de la composition de ce fragment inédit. C'était donc en 1760. Aussi est-il permis de rire de la petite facétie de Diderot qui s'amuse en 1769 à écrire à son ami Grimm et qui lui dit : « Je demandais à La Tour pourquoi les portraits étaient si difficiles à faire. C'est, me répondit-il.... » Ici Diderot s'arrête. La Tour est homme d'esprit ; il raisonne parfaitement son art ; Grimm le sait ; il attend l'opinion du peintre ; il ne l'aura pas. Diderot a fait une farce à la Sterne, il commence un récit intéressant et s'en tient là, tant pis pour le lecteur, tant pis pour Grimm, tant pis pour le souverain d'Allemagne à qui ces lettres sont envoyées. Mais Diderot n'est pas si léger, capricieux, on le sait, on l'aime peut-être davantage et nous retrouverons à une page de là une fameuse théorie du portrait, non pas celle du peintre, mais celle de l'écrivain. Du reste, tous les articles de Diderot sur le peintre de pastels renferment toujours en quelques lignes des idées sur le portrait. En 1767 il écrit :

« C'est donc un grand mérite aux portraits de La Tour

de ressembler, mais ce n'est ni leur principal, ni leur seul mérite. Toutes les parties de la peinture y sont encore. Le savant, l'ignorant les admirent sans avoir jamais vu les personnes ; c'est que la chair et la vie y sont ; mais pourquoi juge-t-on que ce sont des portraits, et cela sans s'y méprendre? Quelle différence y a-t-il entre une tête de fantaisie et une tête réelle? Comment dit-on d'une tête réelle qu'elle est bien dessinée, tandis qu'un des coins de la bouche relève, tandis que l'autre tombe ; qu'un des yeux est plus petit et plus bas que l'autre ; et que toutes les règles conventionnelles du dessin y sont enfreintes dans la position, les longueurs, la forme et la proportion des parties? Dans les ouvrages de La Tour, c'est la nature même, c'est le système de ses incorrections, telles qu'on les y voit tous les jours. Ce n'est pas de la poésie, ce n'est que de la peinture. J'ai vu peindre La Tour ; il est tranquille et froid, il ne se tourmente point ; il ne souffre point ; il ne halète point ; il ne fait aucune de ces contorsions du modeleur enthousiaste, sur le visage duquel on voit se succéder les orages qu'il se propose de rendre, et qui semblent passer de son âme sur son front, et de son front sur la terre ou sur sa toile. Il n'imite point les gestes du furieux ; il n'a point le sourcil relevé de l'homme qui dédaigne, le regard de la femme qui s'attendrit ; il ne s'extasie point ; il ne sourit point à son travail ; il reste froid : cependant son imitation est chaude. Obtiendrait-on d'une étude opiniâtre et longue le mérite de La Tour? Ce peintre n'a jamais rien produit de verve ; il a le génie du technique; c'est un machiniste merveilleux. Quand je dis de La Tour qu'il est machiniste, c'est comme je le dis de Vaucanson, et non comme je le dirais de Rubens. Voilà ma pensée pour le moment, sauf à revenir de mon erreur si c'en est une. »

Il semblerait d'après ce passage et celui cité précédemment que La Tour n'était pas né artiste, que seuls la volonté et le travail l'avaient amené à l'art. « *C'est un machiniste merveilleux*, dit Diderot. » Ici je ne suis pas tout-à-fait de l'avis du grand écrivain qui ne rend pas le peintre tel que je le vois, nerveux, irritable, moqueur, taquin, bon, arrogant et modeste, impressionnable, s'habillant aujourd'hui en grand seigneur et demain en Mascarille, enfin fantasque à l'excès, les mille défauts qui ne sont pas donnés par l'art, au contraire qui poussent un homme à faire de l'art. Un homme n'est pas né pour être artiste, poëte, musicien, grand comédien; mais c'est un être rangé, dont la vie de demain ressemble à la vie d'hier, qui vit tranquillement en ménage, heureux de trouver son bouilli tous les jours, faisant des économies sur la somme la plus minime. Par une circonstance particulière, il est arrivé que cet homme s'est jeté dans l'art; peut-être y voit-il une manière plus facile de faire fortune que dans le commerce. Admettons que cet homme fasse des portraits, à force de travail sans doute il arrivera à une certaine exécution honnête, propre et insignifiante; il a tellement envie de faire fortune qu'il en devient presque intelligent. Il saisit le côté faible des gens qui se font peindre et ce n'est pas difficile; c'est de les peindre beaux quand ils sont laids, jeunes quand ils sont vieux, c'est de dire le plus grand bien des faux cheveux de madame, de trouver ses fausses dents les plus blanches du monde. On chasse à grands coups de pinceaux les taches de rousseurs et les rides qui commencent. Joignez à un tel pinceau menteur des manières polies qui ne se ressentent pas de la brusquerie des ateliers, une toilette à la mode telle que le maître de la maison en porte, une conversation insignifiante et douce, voilà le peintre de portraits favori, voilà l'homme patient qui n'était pas doué, voilà l'homme qui se fera une grande fortune et une grande réputation de son vivant, voilà M. Dubufe. Mais La Tour n'était pas ainsi; avec les éloges que Diderot lui a donnés, il n'est pas possible d'admettre un moment son *machiniste merveilleux*. L'homme qui raisonne avec cette haute intelligence de l'art que Diderot a daguerréotypée après une conversation d'atelier, cet homme n'est pas un *machiniste*. D'ailleurs, il faut prendre garde à cette *froideur*, à cette *tranquillité* prétendue de La Tour pendant son travail; Diderot a pu se tromper, entraîné par un *dada* favori qu'il développera plus tard avec complaisance dans le *Paradoxe sur le comédien*. Diderot veut absolument que le grand comédien soit un être froid qui a calculé tous ses effets d'avance et qui les reproduit chaque soir avec symétrie, sans les varier. C'est un *paradoxe*, un vrai paradoxe, et rien n'est aussi dangereux, même pour les cerveaux les plus sains, que de se laisser entraîner à des idées fausses dans le principe, qui troublent la vue, qui vous aveuglent et qui font que le *fait*, que l'*objet*, que la *chose matérielle* se transforment et rendent les yeux complices de l'esprit. Pour moi, La Tour était affecté pendant son travail, travaillant péniblement (un biographe l'a déjà dit), l'esprit inquiet, mécontent de son œuvre. Et sa figure ne manque pas de refléter ces terribles combats intérieurs; mais cela serait possible à prouver si on possédait quelques lettres de cet « artiste illustre, systématique en tout, en médecine, en religion comme en peinture, » a dit M. de Chenevières; et on comprend les colères que l'historien des *Peintres provinciaux* a fait éclater dans les *Archives de l'art français*, quand on voit de prétendus amateurs de l'art ne pas vouloir livrer à la publicité les lettres qu'ils possèdent de La Tour.

CHAPITRE VII.

—

Ses rapports avec Jean-Jacques Rousseau.

La Tour passait pour un caractère difficile aux yeux des biographes qui l'ont connu : c'est la condamnation des biographes. Car le peintre sut vivre en paix avec les gens de lettres de son temps. Il eut fort à faire en peignant leur portrait ; le misanthrope Rousseau lui-même ne s'est jamais plaint de lui, dans ses *Confessions ;* au contraire il en parle avec louanges dans les lettres que je cite. Et cependant La Tour était l'ami de Diderot et il suffisait d'avoir la moindre relation avec la coterie d'Holbach, Grimm et Diderot, pour faire travailler l'esprit du citoyen de Genève et le remplir de noir.

La difficile chose pour un peintre de portraits de contenter un bourgeois ; mais bien plus difficile encore est de contenter un écrivain. Le peintre passe par un autre ordre de choses ; il rencontre des questions d'orgueil qu'on peut à peine imaginer ; celui-ci affecte la simplicité la plus grande, celui-là désire qu'on lui mette sur la tête une couronne de lauriers ; il n'ose pas le dire, il veut que le peintre ou que le sculpteur le devine. Il est des artistes tellement ignorants ou naïfs qu'ils ne se rendent pas compte des désirs secrets de leurs modèles ; ils tracent simplement avec le burin, le pinceau et le ciseau, ce qu'ils ont sous les yeux et ils ont fait une belle œuvre.

On ne comprend pas que François Ier n'ait pas fait exiler Jean Cousin pour avoir modelé dans toute sa vérité cruelle ce buste terrible qu'on pourrait placer dans l'antichambre d'un lupanar. Holbein l'a échappé belle en peignant le portrait cruel de Henri VIII; sa tête aurait bien pu aller retrouver celles des femmes de ce roi. Car le peintre et le sculpteur n'ont rien caché, ni appétits sensuels, ni passions, ni vices, ni débauches ; ils sont écrits aussi clairs sur leurs portraits que la petite-vérole sur la tête d'un enfant.

Voltaire s'est fâché pour moins contre le jeune Denon qui, reconnaissant de l'accueil qu'il avait reçu à Ferney, grava de petits croquis à l'eau forte d'après les attitudes habituelles de l'auteur de la *Pucelle*. Le peintre fut tout étonné d'apprendre combien il avait choqué Voltaire qui écrivit une lettre furieuse, modèle d'amour-propre exagéré.

Il était bien arrivé pareille affaire avec Rousseau qui rapporte dans le second dialogue de *Rousseau juge de Jean-Jacques*, combien il eut à souffrir du peintre Ramsay qui fit son portrait en Angleterre. « On fait mettre à Jean-Jacques, dit Rousseau qui s'isole de lui-même et qui raconte ses aventures comme s'il s'agissait d'un autre, un bonnet *bien noir*, un vêtement *bien brun*, on le place dans un lieu *bien sombre*, et là, pour le peindre assis, on le fait tenir debout, appuyé d'une de ses mains sur une table bien basse, dans une attitude où les muscles fortement tendus, *altèrent les traits de son visage*. De toutes ces précautions devait résulter un portrait peu flatté, quand il eût été fidèle. Vous avez vu ce *terrible portrait.* »

Rousseau qui avait été mené chez le peintre anglais par l'historien David Hume, « étroitement lié à Paris avec *ces Messieurs* » voyait là-dedans toute une conspiration pour rendre « aux yeux du public l'*original aussi noir que la gravure.* » Car on avait fait graver le portrait de Ramsay. A Paris on publie une gravure d'après le buste de Jean-Jacques d'après Le Moine « dont la figure est *hideuse.* » Et quelque temps après parut le portrait « *grimacier* » de Rousseau, gravé par Fiquet.

LaTour eut le courage de faire deux pastels d'après le malheureux Rousseau : « Quelque temps après mon retour à Mont-Louis, dit celui-ci dans ses *Confessions*, La Tour vint m'y voir et m'apporta mon portrait en pastel qu'il *avait* exposé au salon il y *avait* quelques années. Il *avait* voulu me donner ce portrait que je n'*avais* pas accepté ; mais Mme d'Epinay qui m'*avait* donné le sien et qui voulait *avoir* celui-là, m'*avait* engagé à le lui redemander. Il *avait* pris du temps pour le retoucher. » S'étant fâché avec Mme d'Epinay, Rousseau garda le portrait et en fit cadeau plus tard à M. de Luxembourg. Je donne les deux lettres de Jean-Jacques qui ont rapport à son second portrait. La première est adressée à M. Le Nieps et datée de Motiers, du 14 octobre 1764 :

« Puisque, malgré ce que je vous avais marqué ci-devant, mon bon ami, vous avez jugé à propos de recevoir pour moi mon second portrait de M. de La Tour, je ne vous en dédirai pas. L'honneur qu'il m'a fait, l'estime et l'amitié réciproques, les consolations que je reçois de son souvenir dans mes malheurs, ne me laissent pas écouter dans cette occasion une délicatesse qui, vis-à-vis de lui, serait une ingratitude. J'accepte ce second portrait, et il ne m'est point pénible de joindre pour lui la reconnaissance et l'attachement. Faites-moi le plaisir, cher ami, de lui remettre l'incluse, et priez-le, comme je fais, de vous donner ses avis sur la manière d'emballer et voiturer ce bel ouvrage, afin qu'il ne s'endommage pas dans le transport.

» Je suis impatient de m'honorer en ce pays du travail d'un aussi illustre artiste, et des dons d'un homme aussi vertueux. »

La seconde, écrite le même jour, est adressée à La Tour :

« Oui, Monsieur, j'accepte encore mon second portrait. Vous savez que j'ai fait du premier un usage aussi honorable à vous qu'à moi, et bien précieux à mon cœur. M. le maréchal de Luxembourg daigna l'accepter : madame la maréchale a daigné le recueillir. Le monument de votre amitié, de votre générosité, de vos rares talents, occupe une place digne de la main dont il est sorti. J'en destine au second une plus humble, mais dont le même sentiment a fait choix. Il ne me quittera point, Monsieur, cet admirable portrait qui me rend en quelque façon l'original respectable : il sera sous mes yeux chaque jour de ma vie : il parlera sans cesse à mon cœur : il sera transmis après moi dans ma famille : et ce qui me flatte le plus dans cette idée, c'est qu'on s'y souviendra toujours de notre amitié.

» Je vous prie instamment de vouloir bien donner à M. Le Nieps vos directions pour l'emballage. Je tremble que cet ouvrage, que je me réjouis de faire admirer en Suisse, ne souffre quelque atteinte dans le transport. »

Peut-être La Tour qui ne se montra jamais courtisan envers le roi, les princes et les favorites, voulut-il faire le courtisan auprès d'un homme aigri et souffrant, qui se plaignit encore de ce que ses ennemis avaient fait disparaître la gravure d'après le pastel, pour forcer le public à acheter l'image d'un Jean-Jacques peint en « *Cyclope affreux.* »

CHAPITRE VIII.

—

Les dernières années de La Tour.

« Je sortais du salon, dit Diderot, j'étais fatigué, je suis entré chez de La Tour, cet homme si singulier qui apprend le latin à cinquante-cinq ans et qui a abandonné l'art dans lequel il excelle pour s'enfoncer dans les profondeurs de la métaphysique qui achèvera de lui déranger la tête. » Diderot prédisait vrai ; la tête du peintre se dérangea tout-à-fait dans les dernières années de sa vie.

La Tour voulait être trop savant pour un artiste.

Le peintre dans l'échelle des arts tient le milieu entre l'écrivain et le comédien. Si le comédien se perd à vouloir acquérir les connaissances du peintre, le peintre use ses genoux inutilement à monter aux hauteurs escarpées où se tiennent la science, la poésie, l'histoire. Chaque art a son intelligence particulière dont il n'est pas permis de sortir. Et il est possible d'affirmer qu'un comédien est toujours un mauvais poëte dramatique, de même qu'un peintre est un détestable écrivain. Si de glorieuses exceptions ont montré Molière comédien, il n'est pas tout-à-fait démontré qu'il fut un illustre comédien. L'Italie a beaucoup produit de grands génies multiples chez les peintres sans qu'il soit besoin de les nommer; on en voit qui sont sculpteurs, architectes, peintres et poëtes; mais à part Michel-Ange qui est une exception au milieu de ces exceptions, je ne sais pas un peintre italien qui ait laissé une *Divine comédie* ni même un *Roland furieux.*

La Tour obéissait à la mode de son temps; le chevalier d'Estrées a dit qu'il « était bon mathématicien et bon géomètre. » J'ai averti déjà de prendre garde à une amitié qui voyait tout en beau : « Il avait, dit-il, un penchant à la critique, mais jamais les traits qu'il lançait ne blessaient; le fond de son caractère était la bonté même. » Wattelet, dans son *Dictionnaire des Arts*, dit que l'esprit de La Tour s'égara dans sa vieillesse; cependant au milieu de sa folie, « il ne formait que de grandes idées et son imagination désordonnée était occupée tout entière d'une cosmogonie bizarre mais sublime. »

Il est permis de supposer par cette lettre que La Tour était quelquefois maladif et qu'il s'était créé une hygiène particulière :

« Mon cher Monsieur,

» Je suis fort sensible à l'honneur de votre souvenir et de

» la charmante galanterie que vous me voulez faire de votre » nouvelle édition de Londres. J'ay offert à Mons. votre cou- » sin, de luy fournir ce que vous souhaitterez de chocolat; il » me fait grand plaisir d'apprendre qu'il vous fait du bien; » je voudrois qu'il vous fît appeler à présent la jeune mine, » quoiqu'on soit jeune tant qu'on se porte bien; je crois » que l'eau est un grand préservatif contre les maladies; » elle nétoye l'estomac, lave les reins et prépare une bonne » digestion. En s'y accoutumant peu à peu, on peut parvenir » à deux pintes par jour; ceux qui suivent mon régime » m'appellent leur sauveur. L'intérêt que je prens à votre » santé me fait jouer icy le rôle de médecin d'eau douce; on » n'est jamais aussi sûr des autres remèdes que de celuy-là; » c'étoit l'axiome de M. Cochi de Florence.

» J'ay l'honneur d'être, mon cher Monsieur, avec la fran- » chise et la cordialité d'un Picard,

» Votre très-humble
» et très-obéissant serviteur,
» DE LA TOUR (1).

» Aux galeries du Louvre, le 24 avril 1774. »

(1) Cette lettre est extraite des *Archives de l'art français*, recueil de documents inédits relatifs à l'histoire des arts en France, publié sous la direction de Ph. de Chennevières. Paris. Dumoulin, 1853. Les documents positifs que publie cette Revue, les annotations savantes de MM. de Montaiglon, Dussieux, Paul Mantz, etc., font de cette excellente publication un trésor de renseignements pour les biographes futurs des peintres français.

La Tour vivait alors assez retiré dans sa maison de campagne d'Auteuil, ayant une assez grande fortune pour satisfaire ses manies scientifiques. Il avait quatre-vingt-deux ans ; il résolut d'aller finir ses jours à Saint-Quentin, sa ville natale qu'il n'avait jamais oubliée. En 1782, il avait fondé une école gratuite de dessin pour laquelle il dépensa près de cinquante mille francs; il avait donné trente mille francs aux hôpitaux de la ville. A Amiens, il fonda un prix annuel de cinq cents francs pour la plus belle action ou la meilleure découverte dans les arts, faite en Picardie. Aussi son nom était-il devenu plus populaire à Saint-Quentin par ses dons que par ses œuvres. Le bruit se répandit par la ville que La Tour arriverait le 21 juin 1784. Le chevalier Bucelly d'Estrées a bien peint l'enthousiasme des habitants :

« La population quitte ses travaux, tout prend un air de fête ; le canon citoyen tonne, le carillon de la cité fait retentir les airs de ses sons joyeux, la rue qui se nommait alors de la Vignette est encombrée, c'est à qui le verra le premier. Le corps municipal avec le mayeur, véritable élu du peuple, se rend dans la modeste demeure d'un simple citoyen, pour lui porter le tribut de la reconnaissance publique, et l'homme qui refusa un ordre royal est fier du don d'une couronne de chêne. Je l'ai vue cette joie publique, je me la rappelle. C'était là de l'enthousiasme ! c'était là du patriotisme ! Le magistrat illumine l'hôtel-de-ville, les élèves la façade de l'école et tous les citoyens suivent spontanément. »

Il vécut encore deux ans avec son frère le militaire auquel

il avait assuré une existence douce et tranquille. Son ami d'Estrées nous a laissé quelques lignes intéressantes sur son séjour à Saint-Quentin :

« Dans les deux dernières années de sa vie ses facultés intellectuelles semblèrent disparaître : cependant de ce flambeau prêt à s'éteindre jaillissaient encore des lueurs intermittentes qui indiquaient que l'âme de feu et le cœur bienfaisant étaient encore là. Un verre de vin généreux ranimait-il le feu de la vie, c'était à sa divinité qu'il buvait, et sa divinité était la belle Melle Fay, dont nous possédons un portrait peint par lui. Nous l'avons vu dans ses promenades, quand un rayon de soleil si vivifiant pour les jeunes plantes, les enfants et les vieillards, redonnait de l'activité à son sang, s'adresser aux arbres, les mesurer de ses bras, leur disant : « Bientôt tu seras bon à chauffer les pauvres. »

La Tour mourut à Saint-Quentin le 17 février 1788. Dans l'église de Saint-Quentin on trouve en son honneur une épitaphe par le chanoine Duplaquet « mort, dit un biographe Saint Quentinois, avec la réputation du premier homme de lettres du pays. » La voici dans toute son exactitude :

A la gloire de Dieu
et
à la mémoire
de Maurice-Quentin de La Tour,
né à Saint-Quentin, le 5 septembre 1704 ;
Peintre du Roi,

Conseiller de l'Académie royale
de Peinture et de Sculpture de Paris
et Honoraire
de l'Académie des Sciences et Belles-Lettres d'Amiens;
Bienfaiteur
de ces deux Académies.
Emule de la nature
dans ses portraits;
Père des Arts,
dans l'établissement
de l'Ecole royale gratuite de Dessin
de cette ville;
Père des Pauvres
dans ses fondations
pour les pauvres femmes en couches
et
pour les pauvres vieux artisans.
Bon Parent,
Bon Ami,
Bon Citoyen,
Esprit juste et orné,
Cœur droit et généreux,
Ornement et soutien de l'humanité,
Mort le 17 février 1788,
Dans la 84e année de son âge.

CHAPITRE IX.

—

Son œuvre au musée du Louvre.

Il ne faut pas juger La Tour au Musée du Louvre : on risquerait d'en garder une fâcheuse opinion. Il y a plusieurs bonnes raisons, la première et la meilleure est la lutte impossible entre la peinture à l'huile et le pastel. Quel rôle peut jouer un art gracieux et coquet, un art de salon avec cet art robuste qui peut tout, le terrible et la galanterie, le dramatique et le passionné. La peinture à l'huile a les ressources du violon, l'instrument multiple qui peut chanter les larmes et la joie. Il n'est pas besoin de voir toutes les salles pour se sentir sans impression devant un pastel ; il ne faut que traverser une salle de peinture pour arriver à la galerie des dessins.

Les dessins proprement dits ne perdent pas à la comparaison ; ils sont autre chose que la peinture ; ils sont même quelquefois le bel enfant qui deviendra plein de vices en grandissant. Le dessin est moins l'œuvre de la main que l'œuvre de la pensée; c'est le feu qui sort du cerveau et qui lance des fusées capricieuses sur le papier, c'est le premier baiser donné à une femme aimée, c'est le grain que sème le laboureur, c'est la plume qui vole au vent et que l'oiseau recueille sur la tige d'une fleur pour construire son nid. Le dessin n'est quelquefois qu'un bégaiement pour le curieux; mais ce bégaiement renferme les plus douces modulations pour celui qui l'a créé.

Au contraire le pastel est une œuvre raisonnée; elle n'a pas plus de spontanéité qu'un buste de marbre; elle a été étudiée et faite avec patience. En posant la question verement, il est permis d'appeler le pastel un art de demoiselle. Car au fond cet art renferme un vice sérieux contenu généralement dans toutes les œuvres sorties du cerveau des dames. Le pastel n'est pas masculin.

Il a fallu un bien grand maître, Chardin, pour lui faire perdre un peu de sa tendresse. On voit au Louvre deux portraits au pastel, représentant tous les deux Chardin en costume d'atelier, peints tous les deux par lui; ces deux pastels sont les meilleurs que j'aie jamais vus. Mais Chardin au lieu de se servir uniquement de frottis, au lieu d'écraser avec son doigt ou avec une estompe la pâte tendre du crayon, Chardin s'est servi de crayons sans doute un peu durs, il a rocédé par hachures; mais aussi comme il a traité le papier! Sans la glace qui protège la durée éphémère de ces portraits, on verrait quelles bavochures a subies le papier, les mille filaments qui s'enlèvent, et les désordres que le peintre a apportés dans l'art du pastelliste. Chardin a donc introduit sa fermeté et sa vigueur de touche dans un art délicat et agréable; et cependant Chardin n'a pu empêcher qu'un rayon de soleil, que la moindre humidité au premier jour ne viennent dévorer ces crayons fragiles.

La Tour compte huit pastels au Musée du Louvre, parmi lesquels il faut remarquer ceux de Marie Leczinska, Chardin, son propre portrait, M.... en habit noir et le fameux portrait de madame de Pompadour. Les autres, ceux de Louis XV, du Dauphin, de la Dauphine, du maréchal de Saxe, ne sont pas des œuvres d'une grande valeur. C'est surtout dans les deux portraits d'hommes, Louis XV et le maréchal de Saxe, qu'il est facile de voir l'effet qu'ont produit les crayons en voulant rendre des armures. Les pastels se sont brisés contre l'acier; ce sont des armures d'opéra, des armures de carton. Le portrait de Chardin en habit noir et en jabot, est fort éloigné des deux Chardin en lunettes et en abat-jour; mais il a de la physionomie.

Le catalogue n'a pas conservé le nom de cet homme en habit noir, avec un cordon du Saint-Esprit autour du corps, qui tient sur son genou un volume richement relié avec ses armes sur le plat; la tête est fine et distinguée; l'habit de velours est surtout très-bien peint et bien arrangé.

M. Sainte-Beuve a écrit d'après le fameux portrait de madame de Pompadour une notice trop exacte pour que je ne la cite pas dans son entier :

« Elle est représentée, dit l'auteur des *Causeries du Lundi*, assise dans un fauteuil, tenant en main un cahier de musique, le bras gauche appuyé sur une table de marbre où sont posés une sphère et divers volumes. Le plus gros de ces volumes, qui touche à la sphère, est le tome IV de l'*Encyclopédie ;* à côté se trouvent rangés un volume de l'*Esprit des Lois*, *la Henriade* et le *Pastor fido*, témoignage des goûts à la fois sérieux et tendres de la reine de ces lieux. Sur la table encore, au pied de la sphère, se voit un volume bleu renversé qui porte inscrit au dos : *Pierres gravées ;* c'est son œuvre. Une estampe se détache au pied, qui représente un graveur en pierres fines au travail, avec les mots : *Pompadour sculpsit.* A terre, au pied de la table, est un carton de gravures et de dessins, marqué à ses armes; on a là tout un trophée. Au fond, entre les pieds de la console, s'entrevoit un vase en porcelaine du Japon ; pourquoi pas de Sèvres? Derrière son fauteuil, et du côté opposé à la table, est un autre fauteuil et une ottomane, avec une guitare. Mais c'est la personne même qui est de tout point merveilleuse de finesse, de dignité suave et d'exquise beauté. Tenant en mains le cahier de musique avec légèreté et négligence, elle en est tout-à-coup distraite ; elle semble avoir entendu du bruit et retourne la tête. Est-ce bien le Roi qui vient et qui va entrer? Elle a l'air d'attendre avec certitude et d'écouter avec sourire. Sa tête ainsi tournée laisse voir le profil du cou dans toute sa grâce, et ses petits cheveux très-courts, délicieusement ondés, dont les boucles s'étagent et dont le blond se devine encore sous la demi-poudre qui les couvre à peine. La tête nage dans un fond bleu-clair qui, en général, est celui de tout le tableau. L'œil est partout satisfait et touché ; c'est de la mélodie plutôt encore que de l'harmonie. Une lumière tamisée et bleuâtre descend et glisse sur tous les objets. Il n'est rien dans ce boudoir enchanté qui ne semble faire sa cour à la déesse ; rien, pas même l'*Esprit des Lois* et l'*Encyclopédie*. La robe de satin à ramages laisse place dans l'échancrure de la poitrine à plusieurs rangs de ces nœuds qu'on appelle, je crois, des *parfaits contentements* et qui sont d'un lilas très-clair. Elle-même a les chairs et le teint d'un blanc lilas, légèrement azuré. La soie, ces rubans, cette robe, tout cet ensemble se marie harmonieusement ou plutôt amoureusement. La beauté brille dans tout son éclat et dans sa fleur épanouie. La figure est jeune encore, les tempes ont gardé leur jeunesse et leur fraîcheur ; la lèvre est fraîche également et n'a pas encore été flétrie, comme on dit qu'elle le devint pour s'être trop souvent froncée et mordue en dévorant la colère ou les affronts. Tout dans la physionomie, dans l'attitude, exprime la grâce, le goût suprême, l'affabilité et l'aménité plutôt que la douceur, un air de reine qu'il a fallu prendre, mais qui se trouve naturel et qui se soutiendra sans trop d'effort. Je pourrais continuer et décrire bien de jolis détails, j'aime mieux m'arrêter en renvoyant les curieux devant le modèle : ils y verront encore mille choses que je n'ose effleurer. »

Le jour où il a fait ce pastel, La Tour était jaloux de la

grande peinture, j'entends de la grande peinture de portraits. Non-seulement il est sorti tout-à-fait du genre du pastel qui se sent déjà audacieux de faire un portrait à mi-corps, non-seulement il a fait un portrait en pied, mais un portrait historié. Car, si les accessoires tels que les tentures de l'appartement, la table, les livres, les meubles, les instruments de travail sont étudiés avec ce soin, le portrait se change en tableau. De La Tour a fait un tableau. C'est ce qui rend vraisemblable l'anecdote racontée par les biographes; il ne voulait que personne entrât pendant qu'il peignait madame de Pompadour parce qu'il était inquiet; s'il défait les boucles de ses souliers, ses jarretières, c'est qu'il veut être libre de ses mouvements; s'il ôte sa perruque, c'est que le sang lui monte à la tête. C'est sa plus grande œuvre qu'il médite en ce moment. Il aura sans doute confié son secret à madame de Pompadour qui est au-dessus des préjugés, qui est quasi-philosophe, et la favorite aura permis à son peintre de s'arranger comme il lui plaira, puisqu'il a dans la tête l'idée d'une grande chose.

Malgré le mal que s'est donné le peintre, je préfère pourtant à ce pastel de grande taille une espèce d'ébauche d'après lui-même qui est au Louvre. Avec sa veste bleue débraillée, ses rares cheveux sans perruque, son sourire un peu satyrique et un peu comédien, La Tour est juste dans la vraie ligne de son art. Un peu de poussière de couleur frottée rapidement sur du papier a suffi pour nous montrer un homme plein de vie et de malice, avec des yeux un peu inquiets. Sous cette apparence d'ébauche se cache sans doute un travail sérieux, car La Tour travaillait péniblement; mais il n'en est pas moins vrai que ce portrait est le meilleur des pastels de La Tour.

J'aurais pu retrouver beaucoup d'autres pastels du même maître dans des galeries particulières, dans quelques musées de province et de l'étranger; mais c'est à Saint-Quentin qu'il faut aller certainement pour connaître l'œuvre de La Tour; les portraits sont nombreux, authentiques, la ville les a reçus du frère de La Tour, et là seulement il est possible de l'étudier.

CHAPITRE X.

—

Tableau des envois de La Tour aux expositions de peinture de l'année 1737 à 1773.

J'ai cru qu'il était utile et intéressant de dépouiller soigneusement le livret des Expositions ; c'est en dressant un inventaire exact, année par année, qu'on se rend compte du travail de l'artiste.

Salon de 1737. Madame Boucher.
L'auteur qui rit.

1738. Le portrait de M. Restout, professeur de l'Académie, dessinant sur un portefeuille, par M. de La Tour, agréé de l'Académie.

Portrait en pastel représentant Madame de... habillée

avec un mantelet polonais, réfléchissant un livre à la main.

M. Mansard, architecte du Roi.

Un portrait au pastel de Mlle de La Boissière, ayant les mains dans un manchon, appuyée sur une fenêtre.

Autre représentant Madame Restout, en coiffure.

1739. M. Dupouch, appuyé sur un fauteüil.

Le Frère Fiacre de Nazareth.

1740. M. de Bachaumont.

Madame Duret, dans une bordure ovale.

Un portrait jusqu'aux genoux de M. de... qui prend du tabac.

1741. Un tableau en pastel de 6 pieds 2 pouces de haut, sur 4 pieds 8 pouces de large, représentant M. le Président de Rieu en robe rouge, assis dans un fauteüil, tenant un livre dont il va tourner le feüillet, avec les attributs qui composent un cabinet, comme Bibliothèque, Par-à-vent, Table, et un Tapis de Turquie sous les pieds.

Autre tableau, représentant le buste d'un Nègre, qui attache le bouton de sa chemise.

1742. Madame la Présidente de Rieu, en habit de bal, tenant un masque.

Mademoiselle Salé, habillée comme elle est chez elle.

M. l'abbé...., assis sur le bras d'un fauteüil, lisant à la lumière un *in-folio*.

M. du Mont le Romain, professeur de l'Académie royale de Peinture et de Sculpture, joüant de la guitare.

Petit buste de l'auteur ayant le bord de son chapeau rabattu.

1743. M. le duc de Villars, Gouverneur de Provence, Chevalier de la Toison-d'Or.

Pastel représentant M. Parocel, peintre de l'Académie.

Pastel représentant Mlle de ***.

1745. LE ROY.

LE DAUPHIN.

M. Orry, Ministre d'Etat, contrôleur général; peint en grand.

M. ***, amy de l'auteur, aussi en grand.

1746. Plusieurs autres portraits sous le n° 168.

Quatre portraits au pastel sous le même numéro (1).

(1) Le livret du Salon de 1746 ne donnait que cette désignation : « Portraits sous le même numéro. » J'ai pu retrouver dans le *Mercure* et autres gazettes le nom des personnes peintes. Ce sont : 1° Mgr le Dauphin ; 2° M. Restout, peintre.

1747. Plusieurs portraits au pastel (1).

1748. LE ROY.

La Reine.

Le Dauphin.

Le Prince Edoüard.

M. le Maréchal de Belle-Isle.

M. le Maréchal de Saxe.

M. le Maréchal de Lowendal.

M. le Comte de Sassenage.

M. Savalette père.

M. Savalette fils.

M. de Moncrif, de l'Académie Françoise.

Madame ***.

M. du Clos, de l'Académie Françoise et Belles-Lettres.

Madame ***.

M. du Mont le Romain, adjoint à Restout.

1750. Plusieurs têtes au pastel sous le même numéro.

(1) Le livret du Salon de 1747 porte cette seule indication. Je trouve dans le *Mercure de France* et d'autres gazettes le nom de quelques-unes de ces personnes. Ce sont : 1° Mme la Comtesse de Lowendal ; 2° Le Maréchal de Saxe ; 3° Le Duc d'York ; 4° Mme de Montmartel ; 5° Le Comte de Clermont ; 6° Le Moine, sculpteur ; 7° M. Binet ; 8° M. l'abbé Le Blanc ; 9° M. Gabriel, premier architecte ; 10° M. Cupis ; est-ce le père, maître à danser, ou le fils, violon et agronome dont Mercier a tracé un profil si comique? 11° M. Mondonville.

1751. Plusieurs têtes au pastel sous le même numéro (1).

1753. Madame Le Comte, tenant un papier de musique.

Madame de Geli.

Madame de Mondonville, appuyée sur un clavecin.

Madame Huet, avec un petit chien.

Mademoiselle Ferrand méditant sur Newton.

Mademoiselle Gabriel.

M. le Marquis de Voyer, Lieutenant-Général des armées du Roy, Inspecteur-Général de la cavalerie, Honoraire, associé-libre de l'Académie royale de Peinture et de Sculpture.

M. le Marquis de Montalembert, Mestre-de-Camp de cavalerie, Gouverneur de Villeneuve, d'Avignon, associé-libre de l'Académie royale des Sciences.

M. de Silvestre, Ecuyer, premier Peintre du Roy de Pologne, Directeur de l'Académie royale de Peinture et de Sculpture.

M. de Bachaumont, amateur.

M. Watelet, Receveur-Général des Finances, Honoraire, associé-libre de l'Académie royale de Peinture et de Sculpture.

M. Nivelle de la Chaussée, de l'Académie Françoise.

M. Duclos, des Académies Françoises et des Inscriptions, Historiographe de France.

(1) D'après le *Mercure de France*, je peux citer les noms de : 1° M. de La Reynière ; 2° Mme de La Reynière ; 3° M. Dille.

M. l'abbé Nolet Maître de physique de M. le Dauphin, de l'Académie royale des Sciences et de la Société royale de Londres.

M. de La Condamine, Chevalier de St-Lazare, de l'Académie royale des Sciences, de la Société royale de Londres, et de l'Académie de Berlin.

M. Dalembert, de l'Académie royale des Sciences, de la Société royale de Londres, et de celle de Berlin.

M. Rousseau, Citoyen de Genève.

M. Manelli, jouant dans l'Opéra du Maître de Musique, le rôle de l'Impressario.

1755. Madame la Marquise de Pompadour, de 5 pieds et demi de haut sur 4 pieds de large.

1757. Plusieurs portraits sous le même numéro (1).

1759. Plusieurs portraits sous le même numéro.

1761. Id. id. (2).

1763. Monseigneur le Dauphin.
Madame la Dauphine.

(1) Les journaux du temps nous laissent le nom de : 1° M. Tronchet ; 2° M. Monet ; 3° Dlle Fel ; 4° .... Un Capucin.

(2) En 1761, les portraits non désignés sur le catalogue étaient : 1° M. le Comte de Lusace ; 2° M. de Crébillon, poëte tragique ; 3° M. le Duc de Bourgogne ; 4° Mme la Dauphine ; 5° M. Bertin ; 6° M. Laideguive.

Monseigneur le Duc de Berry.

Monseigneur le Comte de Provence.

Le Prince Clément de Saxe.

La Princesse Christine de Saxe.

Autres portraits sous le même numéro.

1769. Plusieurs têtes sous le même numéro.

1773. Id. id.

CHAPITRE XI.

—

Musée de Saint-Quentin.

A proprement parler, il n'y a pas de Musée à Saint-Quentin ; on a réuni les pastels de La Tour et les quelques tableaux de ses amis qu'il a laissés dans les bâtiments de l'école de dessin. Je fus singulièrement étonné de voir une douzaine de petits garçons accoudés devant les fameux pastels, qui s'escrimaient à rendre au crayon noir les charmes des œuvres de La Tour. Un professeur assis sur une estrade, présidait à cette singulière méthode d'enseignement. Faire copier des pastels à de jeunes enfants dans une ville industrielle ! Des fabriques de batiste, de linon, de gaze, de châles, de dentelles et tissus de coton, font la richesse du pays, et on enseigne la jeunesse à copier des pastels ! Il n'y en a pas assez à Paris, de ces malheureux, la honte de l'art, qui corrompent le goût du public par le faux, le maniéré, le joli ; il est bon d'y pousser encore des enfants qui pourraient trouver dans leur province des travaux lucratifs et utiles en cherchant de nouveaux dessins pour l'industrie !

Un des vices du pastel tient à ce qu'il est d'une grande facilité superficielle. Le portrait colorié a toujours eu un tel charme pour les bourgeois, les succès de La Tour avaient été si grands, qu'il s'était établi une foule innombrable de peintres en pastels et que, sur la fin du 18e siècle, les provinciaux ne manquaient pas de rapporter leur portrait de Paris, *tout encadré*, pour *vingt-quatre* livres.

Quand La Tour obtint du Roi l'autorisation de fonder une école de dessin gratuite à Saint-Quentin, son principal but fut le développement à donner au dessin industriel ; comme tout grand artiste, comme tout homme intelligent, et dans cette occasion ses rapports avec les Encyclopédistes lui furent utiles, La Tour entrevoyait le grand mouvement industriel que la Révolution allait développer.

La Tour avait recueilli dans sa longue existence de peintre tous les honneurs qu'il pouvait attendre de ses crayons ; enfant pauvre, parti de la paroisse Saint-Jacques de Saint-Quentin, son premier succès avait été une vue perspective de la ville au crayon qu'il avait présentée en rhétorique à Nicolas Déjardin, principal du collége ; lié avec les grands de la terre et, ce qui vaut mieux, avec les grands par l'intelligence, cité pour son esprit entre Greuze et

Chardin, les plus spirituels peintres de son temps (1), riche, flatté par la critique, menant une vie d'études et de jouissances, La Tour à la fin de sa vie, trouvait au fond de la coupe un idéal inassouvi, un talent éteint par les ans, des *cosmogonies bizarres* qui se choquaient entr'elles dans un cerveau peu fait pour les comprendre.

La Tour fut-il heureux? Je ne le crois pas. La coupe d'amertume est plus amère à l'artiste qu'à l'ouvrier, qu'au bourgeois, qu'au grand seigneur. L'art rend l'homme *sensitif;* il a plus d'aspirations, mais il a plus de souffrances. L'art est toujours suivi du *Doute* qui fait qu'à l'heure dernière, l'homme se demande : N'aurais-je pas mieux fait de vivre tranquillement d'une vie obscure et modeste? A quoi bon ces recherches au pays du Beau, ces études, ces insomnies, ce grand combat de la vie, si mon œuvre ne doit pas rester?

En lisant la brochure qui relate les lettres-patentes du Roi pour la fondation de l'école gratuite de dessin de Saint-

(1) « Chardin et Greuze parlent fort bien de leur talent », dit Diderot; « Chardin avec jugement et sang-froid ; Greuze avec chaleur et enthousiasme. La Tour, en petit comité, est aussi fort bon à entendre. » Marmontel, dans ses *Mémoires pour servir à l'instruction de ses enfants*, est très dur pour La Tour, dont il fait une espèce de radoteur. « La Tour avait de l'enthousiasme, et il l'employa à peindre la philosophie de ce temps-là. Mais le cerveau déjà brouillé de politique et de morale dont il croyait raisonner savamment, il se trouvait humilié lorsqu'on lui parlait de peinture. Vous avez de lui, mes enfants, une esquisse de mon portrait : ce fut le prix de la complaisance avec laquelle je l'écoutais, réglant les destins de l'Europe. »

Quentin, et en voyant la mention particulière faite à l'enseignement de l'art industriel, il est permis de dire que La Tour n'avait nulle envie d'ouvrir la carrière de la peinture aux enfants de ses compatriotes. Si par hasard un enfant de génie se sent pris du démon de l'art, rien ne l'arrêtera et, il importe de le dire, les encouragements le serviront moins que les obstacles (1).

La ville de Saint-Quentin n'a pas compris la pensée de La Tour. En supposant que des élèves se destinent à la peinture, l'art veut être sondé à son début par des études plus âpres et plus sévères. Il y a au Musée de Saint-Quentin un grand nombre d'études au pastel plus ou moins achevées qui représentent les beautés du vivant de La Tour. Les *Beautés* du 18e siècle étaient obtenues par mille coquetteries d'ajustements, de poses, de regards, qui ne pourront jamais sortir du domaine du *Joli*, malgré toute la vérité que La Tour apporta à les rendre. Chaque époque a son expression particulière, ses airs de tête, ses coups-d'œil ; la volonté change les traits aussi bien que les modes, tout y encourage. Il n'y avait pas un détail sous Louis XV qui ne portât au joli : l'ameublement, le costume, l'architecture, la littéra-

(1) Je n'ai pas grande foi dans les artistes encouragés par les conseils-généraux ou les villes. En général ces jeunes gens sont pleins de *dispositions* et de *facilité;* les *forts en thème* de la peinture, de l'architecture et de la musique, suivent docilement les traditions académiques. Ils vont à l'école des Beaux-Arts et ne sont point incapables d'obtenir le prix de Rome. Ensuite ?

ture. Sous de pareilles influences, le moral s'affaiblit, et transfigure le physique; aussi La Tour n'eut-il à peindre que de séduisantes *poupées;* le mot semblera peut-être dur, mais que ces poupées étaient charmantes, spirituelles, diseuses de jolis riens! La Tour a rendu avec un esprit infini ces héroïnes du *Grelot*, du *Sopha* et des *Bijoux indiscrets*. Si le pastel n'avait pas été créé un siècle avant, en Allemagne, par Alexandre Thiele, il eût fallu l'inventer pour ces séduisantes créatures. L'homme joue un bien faible rôle en regard de ces beautés; cependant il est bon de noter quelques pastels importants.

Manelli, le bouffon de l'Opéra-Comique, a les cheveux poudrés, un ruban rose au cou, un habit bleu-clair galonné d'or. « Dépouillez Manelli de son costume théâtral, dit le chanoine Duplaquet, simplifiez cet habillement bizarre, abaissez cette frisure ridiculement enflée, ce rire immodéré qui grimace sur sa figure, il ne vous en représentera pas moins la gaîté comique, avec l'excès et les charges qui accompagnent l'action italienne. Vous direz, voilà un bouffon ultramontain. » Je ne suis pas de l'avis du chanoine Duplaquet. Manelli est un de ces comiques prétentieux, tels que nous en voyons tous les jours, et certainement ce pastel est un des moins intéressants de La Tour.

Un religieux avait été le confesseur de La Tour dans sa jeunesse; longtemps après, le peintre rencontre à Paris le Père Emmanuel. Heureux de le retrouver, il fait son portrait qu'il expose au Salon, et ce portrait curieux d'un capucin est revenu à Saint-Quentin.

Ce personnage habillé d'un habit de velours rouge, tout chamarré de broderies et de dorures, la tête insolemment rejetée en arrière, la main ornée des plus fines dentelles, qui s'enfonce dans les broderies d'or de la veste, c'est un fermier-général, c'est M. de La Reynière. Ses joues sont gonflées comme celles d'un singe qui casse des noix. Il me semble qu'il a des sacs d'écus dans les joues. M. de La Reynière, c'est son portrait qui le dit, montre un traitant nul d'esprit, mais sans méchanceté (1).

Le portrait que La Tour avait fait d'après Jean-Jacques, est revenu je ne sais comment entre les mains du peintre ; mais on ne reconnaîtrait guère l'auteur des *Confessions*, si le nom n'était écrit sur le cadre. Diderot l'a démontré en quelques lignes :

« M. de La Tour si vrai, si sublime d'ailleurs, n'a fait du portrait de M. Rousseau, qu'une belle chose, au lieu d'un chef-d'œuvre qu'il en pouvait faire. J'y cherche le censeur des Lettres, le Caton et le Brutus de notre âge ; je m'attendais à

(1) D'après le testament du frère de La Tour, il est bien constaté que ce portrait est celui du fermier-général de La Reynière. L'anecdote que j'ai citée page 22, devient à peu près nulle. Il est fort présumable que La Tour eut quelques démêlés avec le fermier-général, lorsqu'il s'agit de faire son portrait ; cependant il le fit. C'est M. Bucelly d'Estrées, l'ami du peintre, qui doit porter la peine de ces enjolivements biographiques, ainsi que de son imparfaite orthographe, car il écrit M. de la *Reignier*, au lieu de La Reynière.

voir Epictète en habit négligé, en perruque ébouriffée, effrayant par son air les littérateurs, les grands et les gens du monde ; et je n'y vois que l'auteur du *Devin de village* bien habillé, bien peigné, bien poudré et ridiculement mis sur une chaise de paille ; et il faut convenir que le vers de M. Marmontel dit très-bien ce qu'est M. Rousseau, et ce qu'on devrait trouver, et ce qu'on cherche en vain dans le tableau de M. de La Tour. »

En effet le Jean-Jacques du Musée de Saint-Quentin est un homme de trente-cinq ans, en habit perle, qui représente le passage du philosophe entre la vie de jeune homme et la vie littéraire. Le sourire de la jeunesse y est encore, quoique voilé par les premiers nuages de ces inquiétudes maladives qui poussèrent le philosophe au suicide. C'est un portrait de transition (1).

Trois peintres peuvent marcher sur la même ligne : Le Parrocel, Du Pouche, le maître de dessin de La Tour (suivant le catalogue de son frère), et Sylvestre, le maître de dessin des enfants de France. Le Parrocel est un bonhomme en habit simple, sans distinction dans la figure ; Du Pouche est représenté accoudé sur une chaise près de sa toile commencée, habillé en costume d'atelier, le menton bleuâtre ainsi que la lèvre supérieure, avec l'air d'un homme qui ne s'est pas fait la barbe de trois jours ; Sylvestre est enveloppé

(1) La notice manuscrite sur le cadre porte : « Portrait de J.-J. Rousseau. Il n'existe que deux originaux ; celui donné par de La Tour au duc de Luxembourg et celui-ci que l'auteur avait gardé pour lui. »

dans une robe de chambre et coiffé d'un foulard sur la tête ; il tient une palette ; son chevalet est à côté de lui.

Ces trois hommes gras, déjà sur le retour, montrent le peintre qui ne pense pas, qui n'a jamais souffert et qui n'a jamais douté. Ils se servent du pinceau comme les autres d'un rabot ; ils travaillent à la journée, n'ont pas d'insomnies et meurent vieux, sans que leur esprit soit troublé. Ils représentent les *satisfaits* dans l'art et mènent une vie tranquille. Ce sont des ouvriers et rien de plus.

Combien fut différente la vie de La Tour tel qu'on le comprend, même en voyant son portrait peint par Péronneau. Ici La Tour a été représenté en costume de cour, habit de velours noir, gilet rouge à galons d'or, jabot, cheveux poudrés et cravate blanche. Il a sa main dans le gilet, suivant la mode des grands seigneurs ; son air est quelque peu dédaigneux et sensuel ; il porte la tête en arrière ; les yeux sont fatigués et légèrement rougis à l'extrémité des paupières. Regardez le pastel du Louvre qui représente le peintre Boucher et vous trouverez de grandes analogies avec le portrait de La Tour, peint par Péronneau. Sans doute, Boucher est plus allangui par la sensualité ; les femmes ont encore augmenté sa fadeur naturelle et distinguée tout à la fois ; mais La Tour a de grands points de ressemblance avec le peintre de l'Opéra, non-seulement dans le costume, mais encore dans la physionomie.

Grétry dit quelque part dans ses Essais sur la musique, que La Tour ne faisait un portrait qu'après avoir fréquenté son modèle : cela est confirmé par l'œuvre entière du pastelliste qui se plut à peindre les grands hommes de son temps qu'il connaissait particulièrement. S'il peignit quelquefois des grands seigneurs, c'est qu'il fallait vivre avant tout; mais il se plaisait à reproduire les traits de ceux qu'il aimait. Ainsi, il a laissé deux excellents portraits de son ami Luc Dachery, de Saint-Quentin, une tête singulière et tourmentée, avec des yeux hagards et réfléchis qui s'interrogent au-dedans.

On a encore conservé une esquisse considérable, Marie-Anne-Christine de Bavière, femme du grand Dauphin, tenant par la main le duc de Bourgogne. Les figures sont d'un tiers de nature. Christine de Bavière, habillée d'une étoffe de velours rose avec des ornements de pluche noire, drapée dans un grand manteau bleu doublé d'hermine, semble présenter au spectateur le petit duc habillé de bleu-ciel des pieds à la tête, avec broderie en argent. La chambre donne sur un jardin et laisse voir au loin des dames de la cour. Sur une console est un buste de Louis XV; et on voit au premier plan un chat grimpé sur un tabouret de velours qui fait le gros dos et crache au nez d'un petit chien cherchant à prendre d'assaut le meuble.

Malheureusement ce pastel n'a pu être terminé; c'est une préparation, un dessous, les *réveillons* y manquent. Mais le chef-d'œuvre de La Tour est un portrait qui est devenu un véritable tableau, c'est le portrait de l'abbé Hubert. Quand on a vu ce tableau, on ne l'oublie plus de la vie. Chardin n'a rien fait de meilleur que le portrait de l'abbé Hubert. Dans une chambre, le soir, un gros abbé semble occupé à lire. Les yeux de l'abbé sont renfoncés, son visage s'épanouit sous une graisse monacale et fleurie ; il rit presque; cependant le gros volume in-quarto qui est appuyé sur une pile d'énormes bouquins ne paraît pas renfermer des matières plaisantes. C'est sans doute un livre de théologie ; mais l'abbé sort de dîner et il est en proie à une sorte de torpeur satisfaisante. Deux chandelles sont de chaque côté des gros livres reliés à tranches rouges. Les deux chandelles sont le drame du tableau ; l'une des chandelles accomplit sérieusement son devoir ; mais l'autre a été sapée dans toute sa longueur par la rigole provenant d'une mèche mal faite ; la flamme est piteuse ; elle s'obscurcit vers la pointe formée de petits champignons rouges ; des tourbillons de fumée s'élèvent de ces champignons malsains, sans que l'abbé Hubert y songe. Décidément l'abbé Hubert a trop dîné.

Ce tableau où le personnage est de grandeur naturelle et où les accessoires sont traités avec le soin et l'importance des natures mortes des meilleurs peintres Flamands, représente pour moi le point culminant de La Tour ; on oublie qu'il est traité en pastel ; le célèbre portrait de Mme de Pompadour est dépassé.

Pour juger complètement La Tour, j'ai beaucoup regardé sa maîtresse (1).

(1) « *Mlle Fay, actrice, maîtresse de La Tour,* » dit une petite notice d'une écriture ancienne, collée sur le cadre du pastel.

Bettina d'Arnim dit que l'amour est une ressemblance. Sans être absolu, ce mot m'est revenu en étudiant le portrait de Mlle Fay. La Tour a aimé cette femme plutôt par dissemblance que par ressemblance. Déjà la femme approche de la trentaine fatale ; elle a de grands yeux orientaux qu'on n'ose dire taillés en amandes, à cause du trop grand emploi de cette image. Sa tête est couverte d'une légère gaze dans laquelle courent des larmes d'or ainsi que dans les étoffes du Levant. Elle n'est pas poudrée. Cette beauté se sépare complètement des beautés provoquantes du 18e siècle ; c'est une beauté moderne, sans grande malice dans la physionomie, c'est la beauté tranquille du midi. La Tour avait l'instinct de l'Orient que la littérature et la peinture ont décrit et reproduit sous tant de formes depuis une trentaine d'années. Telle qu'est Mlle Fay, on la prendrait pour une des femmes d'Alger que Delacroix a peintes avec un si grand charme.

La Tour, le seul de son temps, a compris l'Orient que les littérateurs et les peintres habillaient à la *persane*, avec des habits et un langage de convention.. Mlle Fay, l'actrice, est tout-à-fait dépaysée au milieu des femmes du 18e siècle dont La Tour a laissé trente physionomies toutes différentes et qu'il faut absolument voir à Saint-Quentin pour se rendre compte du *charme* sous Louis XV.

Il n'y a pas de mot dans la langue pour rendre la physionomie séduisante de ces beautés tendres, agaçantes, malignes, réjouies, singulières, goguenardes, l'œil plein de promesses, la bouche pleine de désirs, rarement mélancoliques et toujours provoquantes. On dirait le Musée du Parc-aux-Cerfs, et il faudrait un Lebel pour catalogueur.

Toutes sont jolies à faire tourner la tête, toutes de bonne humeur et toutes amies du plaisir. Du côté opposé est le portrait d'un Carme, ne contredisant rien à l'idée proverbiale qu'on se fait d'un Carme, la bouche pincée, les lèvres en dedans, un gros nez et de larges narines soupirant après l'odeur des cuisines. Les traits communs et cependant expressifs, de petits yeux clignotants, une figure sur laquelle s'étalent la bonne moitié des sept péchés capitaux, démontrent un enthousiaste de la bonne chère aussi bien que de la chair. On a eu raison de transporter le Carme loin de ces charmantes créatures; il semble qu'il les a vues, car son petit œil en conserve une sorte de jubilation de souvenir.

Malheureusement, ces beautés ne sont pas cataloguées. On ne retrouve dans ce Musée galant que le nom de la Camargo, la danseuse, fille singulière dont les coins de bouche sont retroussés avec des airs provoquants. Qu'est-ce que la Boete de St-Léger? Séduisante personne de trente ans, d'un embonpoint joyeux, beauté de campagne, beauté qui pousse à boire, aimable fille de cabaret chez qui la ville n'a fait qu'augmenter les charmes puissants et les couleurs vivaces.

En sortant de ce Musée, je plaignais vivement les malheureux garçons de quinze ans qui entrent tous les jours dans ce sérail sous le prétexte d'apprendre à dessiner. J'aimerais mieux les voir appliqués à dessiner des wagons de chemins de fer : ils en retireraient plus d'utilité et n'auraient pas la tête remplie de bouches qui sourient, d'yeux coquins, d'agaçantes coquetteries qui ont troublé plus d'une fois le crayon de La Tour, quand, seul dans son atelier, les yeux dans les yeux de ces folles filles d'Opéra, il oubliait, j'en suis sûr, la beauté froide de Mlle Fay.

CHAPITRE XII.

—

Testaments du Frère de l'Auteur.

Il n'existe pas de catalogue de l'œuvre de La Tour au Musée de Saint-Quentin. On en est réduit à quelques lignes écrites à la main sur la minorité des cadres. Dernièrement, on a retrouvé aux archives de Laon un document précieux : Ce sont deux testaments par lesquels le frère de La Tour, son unique héritier, léguait à la ville de Saint-Quentin les fameux pastels à la charge de les vendre pour en transformer le prix en donations.

Testament de Jean-François de La Tour, frère du peintre, en date du 10 novembre 1806.

« Je soussigné, Jean-François de La Tour, ancien officier de cavalerie, nomme et institue pour mon légataire universel mon cousin-germain maternel, Adrien-Joseph-Constant Deliège, prêtre, à condition et à la charge par lui d'acquitter et de payer tous les legs, savoir, etc.

» Je donne et lègue à l'école gratuite de dessin, au bureau de charité des vieux pauvres infirmes, *toutes trois fondations faites par Maurice-Quentin de La Tour, mon frère*, tous les tableaux ci-dessous désignés, pour le produit de la vente qui en sera faite à Paris, être distribué et partagé entre les trois bureaux de la manière que je dirai ci-après :

» Le portrait de l'abbé Hubert, lisant à la lumière de deux bougies.

» De Duclos, de l'Académie Française.

» De Forbanais, écrivain sur les finances.

» De l'abbé Pommier, conseiller de la grande chambre.

» De Manelly, fameux bouffon.

» De Du Pouche, peintre, maître de dessin de mon frère.

» De Diou, père Capucin.

» D'un Carme.

» D'un vieillard avec une barbe.

» De Parrocel.

» De La Reynière, riche financier, peint en habit de velours cramoisi, brodé en or, assis dans un fauteuil, ayant une main dans sa veste et l'autre sur sa cuisse.

» De Marie Lekzinsky, épouse de Louis XV.

» La tête du fameux comte de Saxe.

» De M. d'Achery, ami de mon frère, dans un cadre pareil à celui de Jean-Jacques Rousseau.

» De Neufville, fermier-général, en habit de maire.

» De Crébillon, poëte tragique.

» De Jean-Jacques Rousseau.

» De l'abbé Le Blanc, écrivain sur les Anglais.

» De Montdonville, tenant son violon.

» De Sylvestre, peint en robe de chambre.

» De Le Moyne, sculpteur.

» D'un frère questeur, sa tire-lire à la main.

» D'un Diogène, la lanterne à la main.

» De Monet, directeur de l'Opéra.

» Deux superbes dessins de mon frère.

» D'une Dame peinte en bleu.

» Du prince Xavier de Saxe, qui vient de mourir.

» Du marquis d'Argenson, peint en cuirasse.

» Celui d'un Arménien.

» Celui de Charles Maron, ancien avocat au Parlement.

» Tous peints au pastel par mon frère; et les suivants, *peints à l'huile*, savoir :

» Le portrait d'une jeune Dame qui peint, par Carle Vanloo.

» D'un jeune Flamand.

» Du maréchal de Saxe.

» Alphée et Aréthuse.

» Une esquisse de Mlle Clairon en Médée, par Carle Vanloo.

» D'un Savoyard, par Greuse.

» Une chasse au faucon, par Wouvermans.

» Le fleuve Lethé.

» Marc-Antoine, distribuant du pain au peuple.

» J'entends et je veux que tous ces tableaux soient vendus à Paris comme étant le lieu où on pourra en tirer un meilleur parti, surtout si les Anglais et les Russes y sont revenus, et que le produit de cette vente leur soit partagé (1). Je désire qu'il soit conservé sur les revenus de l'école une somme suffisante pour donner des prix d'encouragement aux jeunes élèves. »

Autre Testament du 14 mars 1807.

« Je donne et lègue de plus à l'école gratuite de dessin pour rester à demeure dans la salle d'étude, savoir :

» Le portrait de mon frère, peint en habit de velours noir et une veste rouge galonnée en or, peint par Péronneau, et non une copie qui en a été faite.

» Mon portrait, peint à l'huile et en grand uniforme.

» Celui d'un jeune homme qui boit.

» De d'Achery, en habit bleu.

» De Restezet, en habit gris.

» D'un juge qui peint.

» D'une jeune personne qui coud.

(1) M. Lemasle, professeur de dessin à Saint-Quentin, prétend que les pastels ont été envoyés à Paris pour être vendus, qu'un catalogue imprimé en a été fait, mais que les enchères ne montant pas au-delà de trois francs, la ville de Saint-Quentin fut obligée de ne pas obéir aux vœux du testateur.

» D'un Monsieur en habit noir et grande perruque.

» D'une dame hollandaise en domino.

» De M. de La Popelinière.

» D'une jeune personne qui tient un pigeon sur le bras.

» D'une autre jeune personne à demi-nue.

» D'une autre jeune personne, id.

» Quatre têtes de vieillards.

» Quarante-six têtes d'études dans des petits cadres noirs.

» Neuf autres têtes d'études dans des cadres plus grands.

» Le superbe tableau de la famille Royale qui n'a pas été achevé.

» Une petite dormeuse. »

CHAPITRE XIII.

—

Beaucoup de vers ont été composés en la mémoire de La Tour, tous d'une poësie banale et complimenteuse.

« Admirez jusqu'où l'art atteint :
» La Tour est gravé comme il peint, »

s'écrie le chanoine Mongenot. Les versificateurs de métier n'étaient pas plus fins que le chanoine.

Le sieur Pesselier, le faiseur ordinaire de petits vers pour les graveurs, a dit aussi de La Tour :

« Tandis que spectateur de ce vaste univers,
» Il a sur nos défauts des yeux de Démocrite,
» De ses fameux crayons les chefs-d'œuvre divers,
» Changent tous ses rivaux en autant d'Héroclites. »

Le chanoine Duplaquet a composé une longue épitaphe, trop longue, qui ne dit rien à l'esprit.

La ville de Saint-Quentin se propose d'élever une statue au pastelliste.

Cinq lignes de Diderot résument mieux le peintre que les poësies des faiseurs de vers, les épitaphes de chanoine et la statue qu'on se propose de lui élever. Ce sont ces cinq lignes qu'il faudrait écrire sur son tombeau :

« Un coup de l'aile du temps ne laissera rien qui justifie la réputation de La Tour. La poussière précieuse s'en ira de dessus la toile, moitié dispersée dans les airs, moitié attachée aux longues plumes du vieux Saturne . . . . .

» O La Tour! memento quià pulvis es et in pulverem reverteris! »

LAON. ÉD FLEURY ET AD. CHEVERGNY.

CHAPITRE XIV.

—

Documents nouveaux.

La Notice qu'on vient de lire était écrite en 1851 : il en parut des fragments dans le *Journal de l'Aisne* en 1852, et dans l'*Athenæum* en 1853; des travaux d'un ordre tout différent en avaient retardé la publication; mais pendant un intervalle de quatre ans, de nouveaux faits sont venus s'ajouter aux précédents. Une biographie n'est jamais complète, c'est ce qui fait le désespoir de tout biographe. On croit avoir tout dit, on n'a rien dit; cependant le sommeil de ma brochure pendant quatre ans dans une imprimerie de province m'a permis d'ajouter quelques faits importants. Il ne m'est plus permis de les classer à cette heure : aussi les adjoindrai-je ici en forme de notes pour servir aux travaux des biographes futurs.

Le cabinet des estampes possède sept grands volumes

in-folio de Mariette sur les peintres et les graveurs; les renseignements touchent plutôt les graveurs que les peintres, car Mariette avait dit à peu près tout ce qu'il savait sur la peinture dans les notes marginales manuscrites de l'*Abecedario pittorico* d'Orlandi, qui se trouve également au cabinet des estampes; cependant quelques peintres se trouvent bien mêlés aux graveurs dans les sept volumes in-folio; La Tour en est une preuve.

Mariette lui a consacré un certain nombre de feuillets très-importants en ce sens qu'ils éclaircissent les débuts d'artiste du pastelliste. Jusqu'ici on ne pouvait guère puiser de détails que dans une brochure aussi médiocre que rare du chanoine Duplaquet sur son illustre compatriote, et dans un article de M. Bucelly d'Estrées, publié dans un volume de la *Société académique de Saint-Quentin*. Je mets de côté les travaux des compilateurs et des teneurs de ciseaux qui écrivent pour les *Biographies universelles, contemporaines*, etc.; la plupart du temps, ces articles sont écrits et pensés comme ils ont été payés : très-mal. L'erreur et l'ignorance sont les cariatides de ces monuments de plâtre; au-dedans la légèreté y donne la main à l'anecdote puérile; le visiteur consciencieux doit se trouver heureux s'il y trouve une date exacte de mort et de naissance.

Mariette fut le contemporain de La Tour; je le laisse parler et j'essaierai de lui répondre quand il aura fini :

« *Maurice-Quentin* DE LA TOUR est né à Saint-Quentin, ville de Picardie, le 5 septembre 1704. Dès sa plus tendre enfance, il montra du goût et de l'amour pour le dessin. Son père s'était mis en tête d'en faire un ingénieur; mais on lui fit sentir que son fils ayant la vue très-courte, il lui serait impossible d'entrer dans cette carrière, et il abandonna ce projet. Ce qui l'y avait fait penser était l'ardeur avec laquelle il voyait son fils se porter à dessiner. Il copiait à la plume toutes les estampes qui lui tombaient sous la main. Un élève du peintre Vernansal apporta à Saint-Quentin des académies que ce maître avait dessinées. Il les dévorait des yeux et brûlait du désir d'en faire autant. Ce n'était pas là, cependant, l'intention de son père; il avait une trop mauvaise opinion de la peinture et n'aurait jamais voulu consentir que son fils en eût fait sa profession. Il le lui fit sentir de façon que, voulant se soustraire à cette espèce de tyrannie, le fils qui alors comptait à peine quinze ans, prit la résolution de quitter la maison paternelle et alla se réfugier à Paris qu'il regardait avec raison comme le véritable centre des beaux arts. Il avait lu sur des estampes le nom de Tardieu, le graveur. Il lui écrit, lui demande aide et conseil, et Tardieu lui répond qu'il peut se mettre en route et le venir trouver. Il imaginait que l'intention de La Tour était de devenir un graveur. Celui-ci lui déclare à son arrivée qu'il veut être peintre. Où le placer? Tardieu jeta les yeux sur Delaunay, qui tenait boutique de tableaux sur le quai de Gesvres. Il est refusé. Vernansal, chez qui on le conduit, ne lui fait pas un meilleur accueil. Enfin, il trouve entrée chez Spoëde, peintre tout-à-fait médiocre, mais galant homme, et pendant tout le temps qu'il demeure avec lui, il travaille avec l'ardeur de quelqu'un qui a l'ambition de se distinguer et de percer. Le voilà bientôt en état de reconnaître la faiblesse du talent de son maître. Il le quitte et passe à Londres, résolu de voir ensuite la Hollande, si son compagnon de voyage ne fût pas mort au bout de quelques mois d'absence. Il revient à Paris, il s'annonce comme peintre de portraits; il les faisait au pastel, y mettait peu de temps, ne fatiguait point les modèles : on les trouvait ressemblants, il n'était pas cher. La presse était grande, il devint le peintre banal (1).

» Quelques portraits qu'il fit pour des personnes de la famille du sieur de Boullongne furent vus par Louis de Boullongne, premier peintre du roi, qui, à travers ses défauts, sut y lire ce qu'il y avait de bon, c'est-à-dire ce tact sûr, ce don de la nature qui saisit du premier coup les traits d'un visage et s'assure de la ressemblance. Il demanda à voir l'artiste, il l'encouragea : « Vous ne savez » ni peindre, ni dessiner, lui dit-il; mais vous possédez un » talent qui peut vous mener loin, venez me voir. » La mort de celui qui lui parlait avec tant de franchise et de bonté, arrivée en 1733, le priva du secours qu'il devait s'en promettre. Il ne chercha plus de ressources que dans lui-

(1) Tout l'article de Mariette est écrit sans alinéas. Je me suis permis d'en jeter quelques-uns pour éclaircir la notice. (C—y)

même, et redoublant d'efforts, il arriva bientôt au point de perfection qu'il se proposait depuis longtemps. Ses succès, car il jouissait alors de toute sa réputation, l'engagèrent à se présenter à l'Académie royale de peinture; il y fut admis en 1744 avec distinction, et peu d'années après, en 1751, il monta au rang de Conseiller, qui est le grade le plus honorable auquel puisse prétendre un peintre de portraits.

» Depuis cette époque, il ne s'est pas fait d'exposition au Salon du Louvre qu'il n'ait fait voir de nouveaux chefs-d'œuvre de sa façon. Un des premiers qu'il y ait mis sous les yeux du public, en 1745, fut le portrait de M. Duval d'Epinoy, secrétaire du roi, qui vivait alors avec lui sur le pied d'ami, et c'est ce qui l'engagea à faire graver sur la bordure de son tableau ces deux vers :

« La peinture autrefois naquit du tendre amour,
» Aujourd'hui l'amitié la met dans tout son jour! »

sentiments fort nobles, mais que l'amour du gain démentit bientôt; car lorsqu'il fut question du paiement, il fallut batailler et se quitter mécontents l'un de l'autre. Le portrait fut trouvé excellent; il était plus grand que ne le sont ordinairement les portraits au pastel; la figure se présentait jusqu'aux genoux, mais ce fut La Tour qui l'avait voulu ainsi. Etait-il juste de payer si chèrement ses caprices?

» On le verra bientôt jouer des scènes encore plus singulières; mais si cette conduite a fait trop souvent tort à son cœur, la perfection de ses tableaux ne lui en a pas moins fait une réputation durable et méritée. Il n'y a jamais mis cette fraîcheur et cette facilité de touche avec lesquelles la Rosalba, en suivant la même carrière, s'est rendue si recommandable; mais il est plus précis qu'elle, il dessine mieux, et ce que l'Italienne n'a jamais fait, il n'a presque jamais manqué une ressemblance; ses pastels ont toujours fait l'honneur des expositions. On y a vu avec admiration les portraits des peintres *Dumont* et *Restout*, qu'il a faits pour ses morceaux de réception à l'Académie; ceux du président *Bernard de Rieux* et de la marquise de *Pompadour*, figures entières, et d'une grandeur où l'on ne croirait pas que le pastel pût atteindre; ceux du Roi, de la Reine et de toute la famille royale; et pour le dire en un mot, les portraits de tout ce qu'on connaît de plus distingué par leur naissance et par leurs talents.

» Il avait entrepris le mien, et je crois qu'il lui aurait fait honneur. Il me fit souffrir; car il y employa un si grand nombre de séances, que je n'ose le dire. Le malheur a voulu qu'il en ait fait choix pour essayer s'il pouvait parvenir à fixer le pastel à l'imitation de Loriot, qui prétendait en avoir trouvé le secret et qui refusait de le lui communiquer. On m'a assuré que le tableau en avait tellement souffert, que de dépit il l'avait jeté au feu. Je ne sais si l'on m'a dit vrai, mais il est certain qu'il n'en a plus été question entre nous, et de là je juge qu'on m'a dit vrai.

» Ce n'est pas la seule fois qu'il en a agi ainsi avec ses propres ouvrages. Il serait à souhaiter qu'il se fût défait de cette mauvaise prévention qui lui a fait croire que l'expérience lui a fait acquérir des connaissances qui lui manquaient dans le temps de sa plus grande vigueur, et qui lui fait regarder de mauvais œil des ouvrages où les plus difficiles ne trouvent qu'à louer. Il est juste qu'un peintre soit son critique, et il ne l'est même jamais assez : la paresse, l'amour-propre fournissent trop fréquemment des excuses sur des défauts qu'on reconnaît et qu'on veut oublier. Mais il est tout aussi pernicieux de se dégoûter mal à propos de ce qui est sorti de ses mains, quand on le pousse à un certain degré d'excellence; car, comme il n'est pas donné à l'homme d'atteindre à une entière perfection, il ne faut pas croire que quelque ouvrage que ce soit puisse être exempt de défauts. Le meilleur est celui qui en a le moins, et presque toujours, quand on ne sait pas se retenir, on détériore une première production au lieu de l'améliorer. Le plus sûr est d'aller en avant; et supposé que l'on ait aperçu quelques parties faibles dans un ouvrage sur lequel on s'est épuisé, de s'en corriger dans celui qui vient ensuite; ce serait sans doute la conduite qu'aurait dû suivre notre peintre. Il en a pris une autre plus courte, mais qu'on ne lui peut pas pardonner; il a détruit par humeur d'excellents morceaux, uniquement parce qu'ils lui déplaisaient, et il est arrivé, ce que j'ai déjà remarqué, que ce qu'il a jugé à propos de substituer à ce qu'il effaçait, lui était très-inférieur. Qu'il dise tout ce qu'il voudra, il ne persuadera jamais, ni à moi ni à aucun de ceux qui en ont été témoins, que le portrait de Dumont, qui est dans les salles de l'Académie, vaille, tout excellent qu'il est, celui qu'il avait fait précédemment, sans en avoir pu donner des raisons plausibles à ceux qui l'interrogèrent là-dessus et qui lui en témoignèrent leurs regrets.

» Il avait peint, à peu près dans le même temps, le portrait de M. Bernard de Rieux; c'était un ouvrage de la plus longue haleine et tel qu'on n'en avait point encore vu au pastel de pareille taille; il quitte l'appartement dans lequel il l'avait peint, vient en habiter un autre; les jours ne sont plus les mêmes, et le tableau ne lui paraît pas produire l'effet qu'il s'en était promis. Le voici qu'il l'efface et qu'il en recommence un nouveau. Est-ce donc là une raison pour faire soupirer quelqu'un après un portrait dont il est bien aise de jouir et qu'il sera, outre cela, obligé de payer double. Cela a effrayé bien des gens, et certainement de La Tour aurait eu beaucoup plus de portraits encore s'il eût été plus traitable.

» L'on sait ce qui s'est passé entre lui et M. et Mme de La Reynière; leurs portraits lui restèrent, parce qu'en ayant mesuré le prix sur les richesses de ceux qui s'étaient fait peindre, il eut le front d'en vouloir exiger cinq mille francs de chacun, et M. de La Reynière prit le parti de les lui laisser; plusieurs années s'écoulèrent après lesquelles, se lassant de voir ces deux portraits dans son atelier, il demanda qu'on les retirât et à en être payé. Il eut l'imprudence d'appuyer sa demande d'un exploit. De véritables amis consultés lui auraient fait apercevoir le risque qu'il courait en menant une pareille conduite. Il pouvait être traduit vis-à-vis d'arbitres qui, jugeant du prix de ses tableaux sur celui qu'ils mettaient aux leurs, auraient peut-être réduit à deux ou trois cents écus ce qu'il estimait dix mille francs, et les juges ne pouvant prononcer autrement, il ne lui serait resté de ses prétentions que la honte de les avoir soutenues. Mais comme les procès ont leurs désagréments, quelque bons qu'ils soient, M. de La Reynière a envisagé son repos; il a été entretenu dans cette disposition par M. de Malesherbes, son gendre.

» On a prié M. Silvestre, alors directeur de l'Académie de peinture, homme prudent et sage, de donner sa décision. M. de La Reynière a ouvert sa bourse et lui a permis d'y puiser tout ce qu'il jugerait à propos, et ce n'est pas sans peine que cet arbitre judicieux a déterminé M. de La Tour, je ne dis pas de s'en rapporter à son jugement seul, car il a eu la malhonnêteté de lui témoigner de la défiance en lui donnant pour adjoint M. Restout, mais à accepter les 4,800 francs à quoi tous deux réunis ont estimé le prix des deux tableaux. S'il continue sur ce pied, il sera assez riche pour se faire peindre par lui. Moi-même, à quoi me serais-je exposé, s'il m'avait fallu fixer un prix au portrait qu'il avait voulu faire de moi et presque malgré moi! Car il commence à ne plus connaître d'amis lorsqu'il est question de ses portraits.

M. de Mondonville, célèbre musicien, est un de ceux chez qui il va le plus familièrement. Il a fait son portrait. Mme de Mondonville, qui joint au goût de la musique celui de la peinture dans laquelle elle s'est quelquefois exercée, désire avoir pareillement le sien. Mais avant que de rien entamer, elle lui fait l'aveu qu'elle n'a que vingt-cinq louis à dépenser. La-dessus, M. de La Tour la fait asseoir et fait son portrait qui a plu à tout le monde. Il a enchanté Mme de Mondonville qui, sans perdre un moment, tire son argent de sa cassette et, le mettant dans une boîte sous des dragées, l'envoie à son peintre. M. de La Tour garde les dragées, renvoie l'argent. Mme de Mondonville imagine dans ce jeu une galanterie, et que ne s'étant pas autrement expliqué lors de la première proposition, M. de La Tour veut lui faire présent du portrait; et comme elle ne veut pas lui céder en générosité, elle lui fait remettre un plat d'argent qu'elle s'est aperçue manquer dans son buffet et qu'elle a payé trente louis. Le nouveau présent éprouve le sort du premier. Il est renvoyé, et Mme de Mondonville apprend que M. de La Tour a mis à son portrait sa taxe ordinaire de douze cents livres, et qu'il ajoute à cela qu'il ne doit avoir aucuns égards pour des gens qui ne pensent pas comme lui sur le compte des Bouffons, dont la musique et les représentations comiques divisaient dans ce moment tous ceux qui, dans Paris, se piquaient de se connaître en musique; et M. de La Tour avait le faible de vouloir s'en mêler, et ne s'apercevait pas qu'il donnait au public une scène encore plus comique. A l'entendre, il est dégoûté de faire des portraits. Ils lui ont cependant procuré une assez honnête fortune. Ceux de la famille royale qu'il a peints ont été bien reçus et payés largement; il a obtenu un logement aux galeries du Louvre, une pension de mille livres. Que lui faut-il de plus? Pourquoi donc montrer tant d'éloignement pour les ouvrages qui lui sont demandés par la cour? Serait-ce pour faire naître de plus grands désirs, et ne craint-il pas le contraire?

» La conduite qu'il a tenue avec Madame la Dauphine, qui souhaitait avoir son portrait de sa main, est trop singulière pour que je ne la rapporte pas, sans y rien changer dans les termes que s'en est expliqué avec moi M. Silvestre, chargé de la négociation. Il avait reçu une lettre de madame Silvestre, attachée à Mme la Dauphine, par laquelle elle demandait à son père de faire ressouvenir M. de La Tour de l'engagement qu'il avait pris avec la princesse; mais qu'elle désirait qu'au lieu de Fontainebleau dont on était convenu, le portrait se fît à Versailles. Elle marquait que sa maîtresse avait d'autant plus lieu de le désirer que son embonpoint était revenu et que peut-être n'aurait-elle pas un aussi bon visage à lui offrir si elle redevenait enceinte. Elle faisait assurer le peintre qu'elle se revêtirait ce jour-là de toute sa bonne humeur, et qu'elle l'invitait à en faire autant de sa part. Qui ne croirait qu'à la lecture de cette lettre si honnête et si obligeante, M. de La Tour ne montrerait un désir égal à sa reconnaissance? Point du tout :

il répond froidement qu'il ne peut se rendre à l'invitation, qu'il n'est point fait pour ce pays-là, et cent autres choses qui allaient à le perdre si elles avaient été redites. Heureusement il les disait à M. Silvestre qui, fort éloigné de lui nuire, n'en était que plus embarrassé sur ce qu'il devait répondre à la lettre qui finissait par témoigner une sorte d'impatience de la part de madame la Dauphine. Il tâche de remettre son homme et de lui faire prendre un meilleur parti. Il le tourne par tous les bouts. Il le voit enfin s'éclipser et, dans un moment qu'il n'en attend plus rien, il reparaît avec une lettre où, tant bien que mal, il s'excuse sur des occupations indispensables, sur les jours trop courts et trop sombres, et prie de remettre la partie au printemps, sûr apparemment de ce qui devait arriver, car madame la Dauphine devint grosse, et il ne fut plus question de portrait.

» Ce n'est pas le seul mauvais personnage qu'il ait joué à la Cour. Il a quelquefois des libertés qu'à peine se serait-il permises avec ses égaux. Une fois qu'il y peignait le portrait de madame la marquise de Pompadour, le Roi présent, Sa Majesté fit tomber la conversation sur ses bâtiments, sur ceux qu'il devait faire construire alors et en parlant avec une sorte de complaisance. Tout-à-coup, La Tour prend la parole, et feignant de se l'adresser à lui-même : « Cela est beau, dit-il, mais des vaisseaux vaudraient mieux. » Il disait cela au moment où les Anglais venaient de détruire notre marine. Le Roi en rougit et se tut, tandis que le peintre s'applaudissait en secret d'avoir dit une vérité dans un pays qui ne la connaît pas. Il ne sentit pas qu'il avait commis une imprudence qui ne vaut que du mépris.

» Je ne sais si je me trompe, mais je crains que ce ne soit quelque pareille indiscretion qui l'ait éloigné de chez Mme Geoffrin, où je l'ai vu durant quelques années assister au dîner du lundi avec assez d'assiduité. Peut-être crut-il qu'il y avait pour lui plus d'avantages de se trouver dans d'autres sociétés qui lui laissaient une entière liberté de parler avec hardiesse sur des matières fort au-dessus de sa portée, et de débiter des traits d'érudition dont il ne manquait jamais de faire provision dans le dictionnaire de Bayle, son livre favori, avant que de sortir de chez lui.

» Un particulier qu'il ne connaissait pas et qu'il n'a plus revu, vint lui demander son portrait, et La Tour s'y étant prêté de bonne grâce, cet homme, qui avait affecté de venir toujours seul et qui paraissait jaloux de garder l'*incognito*, le portrait fini, demande à La Tour de le couvrir d'une glace et de le mettre dans une bordure étroite semblable à celles dont on a assez l'usage d'entourer les miroirs de toilette. Au jour donné, il vient un matin, encore seul, prendre le portrait, l'enveloppe lui-même d'un linge, le prend sous son bras, le place dans son fiacre, le tout en présence de La Tour, dans le plus grand silence, et sans lui dire un mot de paiement. Celui-ci lui voyait faire ces opérations et n'osait parler dans l'attente que l'argent allait paraître. Intérieurement il se disait : emporterait-il le tableau sans le payer? Et quand il fut parti : il l'emporte, dit-il d'un ton tranquille. La singularité de l'aventure lui ferme la bouche, il est resté là.

» Notre homme arrive cependant chez lui; son premier soin est de s'informer si sa femme n'est pas encore levée. Elle ne l'était pas, et c'est tout ce qu'il souhaitait. Il entre dans sa chambre, ôte le miroir de dessus la toilette, y substitue son portrait et va se mettre en embuscade dans un cabinet voisin. Son épouse éveillée sort du lit et tout de suite va se mettre à sa toilette. Le mari profite de ce mouvement, il quitte son poste et va se placer précisément derrière le fauteuil de sa femme qui, levant le dessus de la toilette, voit son mari vis-à-vis d'elle et s'imagine que c'est lui qui se mirait dans sa glace. Elle se retourne, le trouve en effet derrière elle et se confirme dans son opinion. Jamais portrait ne produisit peut-être d'illusion semblable à celle-ci. Elle ne cessa que lorsque le mari déplacé fit apercevoir son épouse de sa méprise, et content d'une scène si bien jouée et si agréable pour lui, il retourne le lendemain chez M. de La Tour lui faire ses excuses de l'avoir mis en inquiétude, avoue le tout, lui raconte ce qui s'est passé depuis leur dernière entrevue, ce qui ne pouvait manquer de flatter son amour-propre, jette une bourse sur la table : Il y a dedans cent louis d'or, dit-il; prenez ce que vous voudrez, tout si vous le jugez à propos, encore n'en serait-ce pas assez pour vous témoigner ma reconnaissance et égaler le plaisir que vous m'avez fait goûter.

» M. de La Tour ne conserva que ce qu'il crut devoir lui appartenir légitimement, remit le reste de l'argent à son homme qui disparut et qui ne s'est plus montré depuis. J'imagine que c'était quelque Anglais ; car où trouver un Français qui en eût agi de la sorte ? »

Avant de connaître ce manuscrit intéressant, dont la publication est due à M. G. Duplessis (du cabinet des Estampes), j'avais flairé une sorte d'animosité entre Mariette et La Tour. Le peintre a eu deux biographes heureusement, l'un trop aimable, l'autre trop hostile. C'est pour ces raisons que je suis tout-à-fait en désaccord avec M. Duplessis, quand il dit : « A quel critique de nos jours » serait-il donné d'écrire aussi bien que Mariette l'histoire » d'une vie qu'il connaissait mieux que personne ? Il assis» tait personnellement tous les jours à l'exécution de ces » chefs-d'œuvre qu'il était très-capable d'estimer et qu'il » savait admirer en vrai connaisseur. »

Les biographes contemporains des grands artistes rendent à l'histoire de l'art des services incontestables ; mais il est bon de veiller à leurs jugements et de procéder à l'échenillage de leurs documents.

Personne, après avoir lu cette biographie de La Tour, ne niera que les faits rapportés tiennent plus de l'acte d'accusation que de l'éloge. Dès le début, La Tour se querelle avec un M. Duval d'Epinoy pour le paiement d'un portrait ; et c'est le peintre qui a tort, suivant Mariette.

La Tour recommence un portrait :

« Est-ce donc là une raison pour faire soupirer quelqu'un » après un portrait dont *il* est bien aise de jouir et qu'*il* » sera, outre cela, obligé de payer double, » écrit Mariette dans son style de collectionneur qui passe son temps à reconnaître les divers *états* des gravures et qui ne tient guères à pâlir sur la grammaire de Port-Royal.

La Tour a une discussion avec M. La Reynière, à propos d'un portrait important qu'il vient de livrer et dont on lui offre un prix qu'il trouve médiocre : c'est encore le peintre qui a tort et le fermier-général raison.

« De La Tour a montré de la *malhonnêteté* en n'acceptant » pas M. Silvestre comme seul arbitre et en lui adjoignant » M. Restout. » Est-ce que dans toute contestation (et celles à propos de portraits sont très-délicates), on ne voit pas perpétuellement deux arbitres ? Avec le musicien Mondonville, La Tour a tort de nouveau. Le peintre avait sucé un peu de lait philosophique aux mamelles des encyclopédistes ; il traite un peu sans façon les gens de Cour ; Mariette s'indigne. La vie du pastelliste est cependant remplie de traits de générosité : ses legs seuls à la ville de Saint-Quentin montrent un homme bienfaisant, s'intéressant aux jeunes artistes et aux pauvres.

Cela ne démontre-t-il pas qu'un critique moderne, avec le désir d'étudier une figure, la patience, le travail, peut arriver certainement à donner la véritable physionomie d'un artiste mieux que ses contemporains ne l'ont fait. Les petites passions disparaissent; quoiqu'on ait beaucoup vanté Mariette, il me paraît rancuneux, et, sans le savoir, La Tour l'avait blessé.

Le peintre avait presque terminé le portrait de l'annotateur qu'il étudia longuement. « *Il me fit souffrir* », dit Mariette, par ses longueurs. Le bruit se répand dans les ateliers qu'un marchand a inventé un vernis nouveau pour fixer les pastels. La Tour, jaloux de la durée de son œuvre, essaie le vernis sur le portrait commencé. L'opération ne réussit pas, voilà M. Mariette gâté; le peintre jette le portrait au feu.

Mariette n'eut jamais son portrait. Ses acrimonies sont-elles assez suffisamment expliquées par ce fait? M. Mariette aura perdu son temps inutilement. M. Mariette aura posé ennuyeusement pour rien. M. Mariette aura *souffert* dans l'atelier, le corps immobile, l'œil fixe. M. Mariette n'aura pas son portrait dessiné par un homme célèbre. M. Mariette ne sera pas exposé dans les galeries du Louvre, et chacun ne s'écriera pas à l'ouverture du salon : Voilà M. Mariette. Et bien d'autres raisons enfantées par l'amour-propre blessé qui ont rendu le catalogueur injuste vis-à-vis de son ancien ami. De dépit, il en revient encore aux questions d'argent :

« Moi-même, à quoi me serais-je exposé, s'écrie Mariette, » s'il m'avait fallu fixer un prix au portrait qu'il avait voulu » faire de moi et presque malgré moi? »

Cependant, il trouve un assez joli mot pour rendre ce prétendu amour de l'argent de La Tour : « S'il continue » sur ce pied, il sera assez riche pour se faire peindre » par lui. »

M. Georges Duplessis pense « qu'on ne doit ajouter aucun » détail ni aucune *observation* à la notice de Mariette, ce » serait la *gâter* en quelque sorte en lui ôtant son cachet » d'originalité et en affaiblir le mérite. » Je suis certain que M. Duplessis est tout-à-fait de mon avis, mais qu'il n'a pas voulu entrer dans la discussion, plus heureux de la découverte du manuscrit qu'il avait faite que des justes réflexions qu'il aurait trouvées aussi facilement que moi.

En ne prêtant pas grande attention à quelques critiques un peu bourgeoises de Mariette, telles que « *Il ne faut pas* » *croire que quelque ouvrage que ce soit puisse être exempt de* » *défauts;* » ou la suivante : « *Le meilleur est celui qui en a* » *le moins* » ; en rejetant dans le panier aux vieux anas l'anecdote finale de ce mari qui surprend sa femme en remplaçant une glace par le portrait au pastel que La Tour vient de terminer, il ne reste pas moins dans le manuscrit de Mariette des faits nouveaux qui éclairent l'arrivée du jeune peintre à Paris. C'était ce qui manquait jusqu'ici.

M. Charles Desmazes, procureur impérial à Laon, a publié en 1853 une brochure intitulée : *De La Tour, peintre du roi Louis XV. Saint-Quentin*, *Doloy*. Les seuls renseignements nouveaux se rapportent seulement aux fondations de bienfaisance laissées par le peintre : le biographe a relevé aux registres de l'état civil de Saint-Quentin l'acte de naissance suivant :

« *Paroisse Saint-Jacques* (*année 1704*).

» Le cinquième de septembre est né et a été baptisé par
» le soussigné, prêtre-curé, Maurice-Quentin, fils légitime
» de Me François de La Tour, chantre, et de Reine Zanar,
» sa femme. Le parrain, Me Maurice Mégniol; la marraine,
» demoiselle Marie Méniolle, épouse de noble homme
» Me Jean Boutillier, l'aîné, ancien mayeur de cette ville,
» lesquels ont signé.

» Signé Maurice Méniolle, Marie Méniolle, de La Tour
» et Maillet, curé. »

Tels sont, avec l'acte de décès du pastelliste, les faits bons à recueillir dans la notice.

Ainsi que M. Bucelly d'Estrées, ainsi que M. Arsène Houssaye (voir *Philosophes et Comédiennes*), M. Charles Desmazes a jugé à propos de reprendre l'histoire du panier. J'ai dit à la page 7 de la notice sur La Tour, que je croyais cette aventure galante imaginée par des biographes. En effet, j'avais la tête pleine d'une histoire d'homme s'introduisant chez sa belle dans un panier; en effet, cette aventure date de loin, puisqu'aujourd'hui je la retrouve à peu près semblable dans une publication de M. Francisque Michel, *Le Chevalier à la corbeille*, qui se trouve à la suite de son Gauthier d'Aupais, d'après un manuscrit du musée britannique. Un chevalier aime une grande dame surveillée par une vieille duègne à la dévotion du mari. L'amant s'introduit chez sa belle dans une corbeille que ses gens font monter à l'aide de cordes jusqu'à la fenêtre de la dame. Comment se fait-il que la duègne tombe dans le panier qui revient aux mains des domestiques et que ceux-ci prennent la vieille pour une sorcière? C'est ce qu'il faut lire dans le fabliau; mais toujours est-il que de l'aventure on a tiré diverses versions, et que celle qui a paru la plus naturelle a dû être mise sur le compte du peintre par un de ces biographes qui aiment à remplir la vie de leur héros d'aventures singulières.

Les élèves de La Tour furent Liotard et Ducreux.

M. Arsène Houssaye a crayonné, dans ses études sur le dix-huitième siècle, un profil de La Tour. Il n'y faut pas chercher une biographie po itive; l'auteur a voulu rivaliser avec le peintre. C'est un pastel galant d'après un pastel.

Mme Lebrun, dans ses *Mémoires*, rappprte qu'elle connut La Tour aux dîners de Le Moine, où se trouvaient Le Kain, l'avocat Gerbier, Grétry.

M. Paul Mantz a bien voulu corriger quelques fautes de la présente Notice. Je citerai ses observations consciencieuses qui montrent un ami de la vérité et un sectateur de la biographie positive :

« Page 24 (en note). — La brochure intitulée : *De l'Ex-*
» *position et du Jury*, est de F. Boissard, Clément de Ris
» et Villot. Jeanron n'y est pour rien.

» Page 25. — L'histoire du portrait de Restout gâté par
» La Tour, est racontée un peu partout. Je la retrouve dans
» une brochure sur le salon de 1773, intitulée : *Dialogues*
» *sur la peinture.* (A Paris, chez Tartouillis, aux dépens
» de l'Académie, etc., in-8°.) C'est une conversation mé-
» diocrement spirituelle entre un amateur anglais, un
» prêtre italien et M. Rémy, marchand de tableaux. J'en
» tire le passage suivant (p. 53) :

» Milord. — Ils avoient autrefois un petit Lat. qui avoit
» beaucoup de ça (des qualités du portraitiste). C'étoit un
» des plus studieux copistes de la nature, un de ses plus
» fins observateurs.

» M. Rémy. — Nous l'avons bien encore.

» Milord. — Tous ne sont pas des Sophocles pour faire
» des chefs-d'œuvre à cent ans. J'ai mes raisons pour en
» parler comme d'un défunt; il vient d'estropier un de ses
» plus beaux morceaux, le portrait de feu M. Res., en
» voulant le repeindre......

» M. Rémy. — C'est dommage, car c'était de son temps
» un des meilleurs de ce genre. »

» Cette citation est curieuse. Elle donne la date de la
» mutilation du portrait de Restout, et surtout elle montre

» La Tour contesté et presque enterré dès 1773, quinze » ans avant sa mort.

» Page 34. — L'abbé Leblanc, dites-vous, répondait à » M. de Sepmonville. Non ; dans le passage que vous citez, » l'ennuyeux abbé répond à l'auteur des *Réflexions sur* » *quelques causes de l'état présent de la peinture en France*, » c'est-à-dire à Lafont de Saint-Yenne, qui s'était permis » de critiquer la touche de La Tour.

» Page 60. — Schmidt, graveur *anglais*..... Impossible ! » Schmidt est né à Berlin. La Tour a fait d'après lui un » portrait superbe, très-vivant, qui est à Paris, je ne me » rappelle plus chez qui.

» Page 84. — Vous donnez 1782 comme la date de la » fondation de l'école de dessin de Saint-Quentin. Le » *Mercure* indique qu'elle a été fondée dès 1778, en même » temps que l'hôpital des femmes en couches, etc.

» Page 95. — Le livret de 1739, que vous citez et que » je n'ai point vu, ne mentionne que les portraits de M. Du » Pouch et du frère Fiacre. La même année, La Tour ex- » posa le portrait de M. de Fontpertuis; c'est le *Mercure* » qui me le dit.

» Page 95. — Le *Mercure* indique aussi qu'en 1741, » il exposa non seulement les portraits du président de » Rieux et d'un nègre, mais encore celui de Mlle Salé.

» Page 105. — Il est très-vrai que La Tour a peint deux » portraits de Jean-Jacques. Vous en retrouvez un au musée » de Saint-Quentin. Qu'est devenu l'autre? J'ai de grandes

» raisons de supposer que c'est celui que possède aujour-
» d'hui M. Coindet, de Genève. Je n'ai pas vu ce portrait,
» mais des amis très-compétents me le donnent comme un
» incontestable original. Armand Leleux en a fait une copie
» à l'huile. Je crois me rappeler qu'on en trouve à Versailles
» une autre reproduction. C'est Rousseau, jeune, spirituel,
» charmant.

» Vous avez, dites-vous, en portefeuille, une multitude
» d'extraits de critiques du temps. Je pourrais moi-même,
» si je cherchais bien, vous en indiquer un bon nombre.
» Mais vraiment tout cela est trop misérable pour vous.
» L'échantillon que vous en avez donné suffit amplement.
» J'ose à peine vous dire que j'ai aussi de Laffichard, du
» chevalier de Saint-Jory, etc., des vers à dormir debout.
» Je suis honteux de vous en parler.

» Que pensez-vous d'une sorte de catalogue de l'œuvre
» de La Tour ? Ce n'est pas assez d'avoir cité les portraits
» au salon : il en a fait beaucoup d'autres qui n'ont jamais
» figuré au Louvre. »

Malgré l'utilité du conseil de M. Paul Mantz, il m'est impossible d'essayer un catalogue des pastels de La Tour.

L'œuvre gravée est déjà très-difficile à établir. La collection du cabinet des Estampes est loin d'être complète. Il est présumable pourtant que M. Edouard Fleury en donnera plus tard un catalogue satisfaisant dans l'Iconographie qu'il prépare sur le département de l'Aisne ; j'ai cru bon cependant, dès aujourd'hui, d'essayer un commencement de catalogue d'après l'œuvre gravée, qui contient quelques noms de portraits non signalés dans les envois de La Tour aux salons. Pour n'en citer qu'un exemple, *Voltaire*, dont je donne onze gravures, n'était pas mentionné aux expositions de peinture.

Quant aux pastels, il y en a partout, dans les musées de province, de l'étranger, chez les particuliers. J'en ai vu chez M. Walferdin, ex-constituant, chez le docteur Véron, chez M. Laperlier; M. Arthur Dinaux annonce, dans les *Archives du nord de la France*, que le musée de Valenciennes possède deux beaux portraits de La Tour, homme et femme; le professeur Gaullieur, de Lausanne, héritier des papiers posthumes de Mme de Charrière, montre dans sa bibliothèque un pastel de La Tour, « qui témoigne de l'étincelante beauté » de l'auteur de *Caliste*.

Avec le désir que j'ai de rendre cette Notice complète, il m'est impossible d'essayer le catalogue le plus incomplet.

Je laisse de côté une grande quantité de notes tirées de Revues et de Gazettes du temps, pour ne citer que quelques lignes de Diderot et de l'abbé Desfontaines :

« Les pastels de M. de La Tour sont toujours comme il » les sait faire. Parmi ceux qu'il a exposés cette année, le » portrait du vieux Crébillon à la romaine, la tête nue, et » celui de M. Laideguive, notaire, ajouteront beaucoup à » sa réputation. » (Diderot. *Salon* de 1761.)

« Le prodigieux La Tour est toujours le roi du pastel. » Quelle expression! Quelle nature! Qu'il a bien rendu » M. le procureur général et M. Duval! Dans ces tableaux, » le peintre s'est élevé au-dessus de lui-même. C'est La » Tour vaincu par La Tour. » (Abbé Desfontaines, 1745. *Jugement sur quelques ouvrages nouveaux.*)

Cependant, il est bon d'extraire encore quelques notes des *Lettres sur la peinture* à M. R. D. R. 1747 (par La Fon de Saint-Yenne). Elles pourront servir à retrouver le portrait de Mondonville, qui est décrit assez exactement, contre l'habitude des critiques du dix-huitième siècle :

» La plupart de ceux qui font des portraits ne connaissent » que deux tons pour la chair, l'un pour les personnes » brunes, l'autre pour les blondes. M. de La Tour, qui » observe mieux la nature ou qui sait mieux la rendre, » varie comme elle et donne à chacun la véritable nuance » qui lui est particulière. Il n'y a personne qui n'ait fait » cette réflexion en voyant les différents portraits qui sont » ici exposés.

» Le public a trouvé celui de M. l'abbé Le Blanc un des » plus forts qui aient jamais été faits dans aucun genre, et » celui de M. Mondonville un des plus piquants. Celui-ci » est un chef-d'œuvre dont il serait difficile de donner » l'idée à ceux qui ne l'ont pas vu. Ce célèbre musicien » est représenté dans l'attitude la plus pittoresque et qui » cependant lui est naturelle, il paraît écouter si son violon » est d'accord. Ses yeux sont pleins de feu. On y voit l'im-

» patience d'exécuter ce que son génie lui inspire. Quand » on le considère attentivement, on croit presque l'en- » tendre. »

On trouve dans les *Sentiments sur quelques ouvrages de peinture, sculpture et gravures, écrits à un particulier en province. 1754.* (Sans nom d'auteur), un passage qui pourra servir aux collectionneurs de gravures :

« Je dois encore une louange au sieur de La Tour qu'il » aura la bonté de souffrir : c'est son amour et son zèle » pour l'honneur de la nation, qui lui fait ajouter à l'im- » mortalité des écrits de nos auteurs illustres, celle de » leurs portraits, qui transmettront à la postérité l'esprit » de leurs physionomies et la vie de leurs traits gravés » d'après lui à la tête de leurs ouvrages. Tels sont ceux de » *La Condamine*, les *Bouguer*, les *d'Alembert*, les *de La* » *Chaussée*, les *Duclos*, les *Montalembert*, les *Mondonville*, » les *Nolet*, les *Le Moine*, les *Sylvestre* et une infinité » d'autres. »

L'anonyme auteur de cette brochure parle encore d'un certain portrait de femme laide (fait assez rare dans l'œuvre de La Tour), qui prouverait que ce portrait a été gravé. Jusqu'ici je n'ai pu le découvrir, d'autres seront sans doute plus heureux :

» Vous savez, mon cher M..., combien il entre de » caprice et de bizarrerie dans les jugements des ressem- » blances ! et c'est un des plus grands supplices pour les » peintres en ce genre, surtout de la part des dames, si

» rarement satisfaites d'elles dans leurs portraits. Il en » est cependant qui méritent des exceptions, et parmi » plusieurs, j'en connais une*** (dans la marge est le » nom, mais il est rogné en partie; on ne voit plus que » Mme .....li), dont le portrait exposé au salon est un des » plus beaux pastels de M. de La Tour. Comme elle a » beaucoup d'esprit et de justesse dans le raisonnement, » elle a senti combien l'expression du vrai dans les traits, » quels qu'ils soient, quand ils peignent un beau caractère, » est préférable à tous ces agréments faux et empruntés » qui n'embellissent jamais. Aussi l'ingénieux La Tour » l'a-t-il *portrait* en peintre plus estimateur de l'expression » de l'âme et des agréments de l'esprit que de ceux de la » figure. »

M. Gault de Saint-Germain (*les trois siècles de la peinture en France. 1808, in-8°*), a relevé quelques noms de personnages peints par La Tour :

« Ce peintre eut un talent unique dans le portrait. Il » n'embellissait rien : simple et vrai dans l'imitation des » formes et du coloris, ses tableaux sont un miroir très-» pur de la ressemblance et de la vérité, une physionomie » exacte des inclinations et des habitudes de ses modèles : » tout y fait illusion, jusqu'aux mains, dessinées avec un » grand goût et savamment étudiées.

» Sa manière de peindre était le crayon de pastel, espèce » de peinture trop fragile pour un talent si rare et si utile.

» Ses principaux portraits sont Louis XV, les premiers

» princes du sang ; Duclos, de La Chaussée, de La Conda-
» mine, d'Alembert, le Dauphin, le prince Edouard, le
» maréchal de Belle-Isle, Mlle de Lowendal, le comte de
» Sassenage, de Moncrif, Dumont-le-Romain, de La
» Reynière, fermier-général ; Mme de La Reynière ; d'Isle,
» contrôleur des bâtiments ; Roittiers, graveur ; Mlle Sylvia,
» actrice de la Comédie italienne, le prince Clément de
» Saxe, la princesse Christine de Saxe, le duc de Berry,
» le comte de Provence, la Dauphine, Voltaire, etc.

» *Caractère distinctif.* — Pastel ; ressemblance rigou-
» reuse ; attitude simple, naturelle, expression de la vie ;
» exécution savante, coloris vrai. »

CHAPITRE XV.

—

Catalogue des Gravures d'après de La Tour.

Portrait de

La Tour, gravé par son ami Schmidt (Paris, 1742), in-fol.

Id., gr. (manière noire) p. Smith (Londres, 1751), in-f°.

Id., gr. p. G.-F. Schmidt (Berlin, 1772), in-folio.

Id., gr. p. Petit, in--8°.

Id, lithographie, Saint-Quentin (1854), in-4°.

Voltaire, gr. p. Geullard (1736), in-8°.

Id., gr. p. L.-J. Cathelin (1763), in-8°.

Id., gr. p. Gautier Dagoty (1772), in-4°.

Id., gr. p. P.-G. Langlois (1784), in-8°.

Id., gr. p. Et. Beisson (1785), in-8°.

Id., gr. p. Ficquet, in-12.

Id., gr. p. P. G. Langlois, in-4°.

Id., gr. p. Balechou, in-8°.

Id., gr. p. Cathelin, in-4°.

Id., gr. p. Ambroise Tardieu, in-8°.

Id., (sans nom de graveur), in-8°.

J.-J. Rousseau, gr. p. R. Vinkeles (1767), in-8°.

Id., gr. p. Littret (1763), in-8°.

Id., gr. p. L.-J. Cathelin (1763), in-8°.

Id. gr. p. Thelott, in-12.

Id., gr. p. E. Ficquet, in-8°.

Id., gr. p. Dupréel, in-8°.

Id., gr. p. A de Saint-Aubin, in-4°.

Id., lithographie, par Belliard, in-folio.

Louis, *Dauphin de France*, gr. p. Petit, in-4°.

Id., gr. p. Basan, in-8°.

Id., gr. p. M. Aubert, in-4°.

Id., gr. p. de Larmessin.

Crébillon, gr. p. Moitte, in-4°.

Id., gr. p. Ingouf junior (1784), in-8°.

Id., gr. p. Cathelin, in-4°.

L'abbé *Nollet*, gr. p. Molès (1771), in-4°.

Id., gr. p. Beauvarlet, in-8°.

Maréchal *de Belle-Isle*, (en pied), gr. p. Moitte, in-folio.

Id., gr. p. Mellini, in-4°.

Id., gr. p. Vin. Vangelisti (1775), in-4°.

Marie Josèphe de Saxe, Dauphine de France, gr. par Petit fils, in-4°.

Id., gr. p. Aubert, in-4°.

Sophie Arnould, gr. p. Bourgeois de La Richardière, in-8°.

Id., gr. (manière noire), p. par Riffault, in-4°.

D'Alembert, gr. p. Maviez (1788), in-8°.

Id., gr. (en couleur), par Dagoty père.

Id., gr. p. W. Hopwood (Londres), in 8°.

Restout, peintre, gr. p. P.-E. Moitte (1771), in-folio.

Jacques Dumont le Romain, peintre, gr. p. J.-J. Flipart, in-f°.

Marie, princesse de Pologne, reine de France, gr. p. Petit, in-4°.

Hubert Gravelot, gr. p. J. Massard, in-4°.

De Moncrif, gr. par L.-J. Cathelin, in-4°.

Marc-Réné de Montalembert, gr. p. A. de Saint-Aubin, in-4°.

Marie-Louise de La Fontaine Solare de La Boissière, gravé par Petit, in-folio.

Réné Fremin, sculpteur, gr. p. P.-L. Surague le fils (1747), in-folio.

Silvia, actrice, gr. p. Sarague le fils, in-4°.

Charles Richer de Roddes de La Morlière, gr. p. Lépicié, in-f°.

Woldemar de Lowendal, maréchal de France, gr. p. J.-G. Will, (1749), in-4°.

Id., gr. p Levesque, in-4°.

Charles Duclos, de l'Académie, gr. p. Duflos, in-12.

Jean Paris de Monmartel, conseiller d'Etat (la tête seulement d'après La Tour, l'habillement et le fond dessinés, et le tout conduit par Ch.-M. Cochin le fils), gravé par L.-J. Cathelin, grand in-folio.

Madame *de Pompadour*, gr. p. L. Massard, in-4°.

Id., grav. sur bois publiée par le *Musée des Familles*.

Pierre Demours, oculiste, gr. p. N.-F.-J. Masquelier (1792), in-4°.

Nivelle de La Chaussée, de l'Académie, gr. p. Ingouf junior, in-8°.

Thomas-Antoine Vicentini, dit *Thomassin*, arlequin de la Comédie Italienne, gr. p. T. Bertrand, in-folio (1).

(1) Cette eau-forte, très-rare, dont je dois la communication à M. Laperlier, est excessivement curieuse. Elle porte pour toute lettre : *La Tour pinxit. T. Bertrand sculp.* ; au bas est gravé ce quatrain :

Dans les ris comme dans les pleurs,
Imitateur de la nature,
Il sçut charmer les spectateurs,
Et leur plaît encore en peinture.

C'est un personnage coiffé d'un chapeau de feutre, vêtu d'un pourpoint rayé, et tenant à la main un masque noir d'Arlequin, qu'il vient de détacher de sa figure. Quoique ne portant pas de nom, on sait que cette estampe représente l'arlequin Thomassin.

TABLE.

PRÉFACE			1
CHAPITRE	Ier.	— Les débuts de La Tour dans la vie	5
—	II.	— Il entre à l'Académie	24
—	III.	— De la critique au 18e siècle	30
—	IV.	— Anecdotes faisant connaître son caractère	48
—	V.	— De La Tour peint par lui-même	57
—	VI.	— La Tour peint par Diderot	67
—	VII.	— Ses rapports avec Jean-Jacques Rousseau	76
—	VIII.	— Les dernières années de La Tour	81
—	IX.	— Son œuvre au musée du Louvre	87
—	X.	— Tableau des envois de La Tour aux expositions de peinture, de l'année 1737 à 1773	94
—	XI.	— Musée de Saint-Quentin	101
—	XII.	— Testament du frère de l'auteur	114
—	XIII.	— Ce qu'il faudrait inscrire sur sa tombe	119
—	XIV.	— Documents nouveaux	121
—	XV.	— Catalogue des gravures d'après de La Tour	149

Laon. — Éd. Fleury, impr.

www.ingramcontent.com/pod-product-compliance
Ingram Content Group UK Ltd.
Pitfield, Milton Keynes, MK11 3LW, UK
UKHW020605180726
13838UKWH00001B/443